누구나
쉽고 재미있게

사고력 수학

노크

PA6

(7~8세)

규칙

이 책을 보시는 부모님들께

머리가 좋아야 수학을 잘 한다는 말이 있습니다. 또, 수학을 잘 못하는 아이는 아빠, 엄마의 머리를 물려받아서 그렇다는 등의 난데없는 유전자 논쟁이 벌어지기도 합니다. 하지만 많은 사람들의 일반적인 생각과는 달리 이는 근거없는 이야기입니다. 외국의 한 연구 기관에서 언어, 사회, 수학, 과학의 네 가지 분야 중 어떤 것이 아동의 선천적 재능에 영향을 받는지 조사한 연구 결과를 발표했는데 일반적인 예상과는 다르게 선천적 재능에 영향을 받는 순서는 사회, 언어, 과학, 수학 순이었습니다. 다시 말해, 수학은 여러 학문 분야 중 선천적인 재능보다는 후천적인 환경이나 교육자, 학습자의 노력에 가장 큰 영향을 받는 학문이라 볼 수 있습니다. 수학의 가장 기본이 되는 '수 영역'의 예를 들어 보겠습니다. 아이들이 수를 처음 접하는 시기의 차이는 있지만 실제 수에 대한 감각과 수를 다루는 연습은 생활 속에서의 체험이나 다양한 활동, 학습 속에서 이루어집니다. 즉, 수학의 가장 기본이 되는 수는 선천적으로 가진 재능과는 거의 연관이 없으며 자라나면서 어떤 환경에 놓이는지, 얼마나 많이 수를 생각할 수 있는 기회가 있는지, 나이에 맞는 올바른 학습을 만날 수 있는지에 좌우됩니다. 그러므로 아이의 수학적 발달에 문제가 있다면, 그 아이가 누구를 닮아서 그런지, 지능이 떨어지는지를 따질 것이 아니라 수학적 힘을 기를 수 있는 학습 환경을 어떻게 만들어줄 것인가를 고민해야 합니다.

국제영재교육연구소의 랜즐리 소장은 영재의 기준을 마련하기 위해 여러 연구를 시행한 결과, 영재의 공통적인 특징들을 발견하였습니다. 첫째는 115 이상의 지능지수(IQ), 둘째는 창의력(Creativity), 셋째는 동기적 요소라고 부르는 끈질긴 근성과 과제집착력이었습니다. 이들 세 가지 요소 역시 선천적으로 타고 나는 부분도 물론 있겠지만 대부분 후천적인 학습이나 교육 활동을 통해 기를 수 있는 능력이라는 데에 이의를 제기하기는 힘듭니다.

이처럼 수학적 능력은 후천적 학습 환경에 주로 좌우되며, 특히 어린 시절에는 그러한 경향이 더더욱 두드러집니다. 하지만 우리의 아이들을 둘러싼 수학적 환경을 다시 한 번 돌아봅시다. 초등학교를 들어가기 전부터 과도한 학습량과 무의미한 반복 활동, 이후의 수학 학습에 오히려 방해가 될 정도로 무리한 선행 학습 등의 환경은 아이의 수학적 힘을 길러주기보다는 수학에서 가장 중요한 창의적 사고력을 기를 수 있는 기회를 박탈함과 동시에 수학에 대한 흥미를 급속하게 떨어뜨리게 하여 수학으로 문제를 해결하려는 의지, 즉 수학적 동기를 스스로에게 부여하는 것을 불가능하게 만들어 버립니다. 중요한 것은 남들보다 먼저, 그리고 더 많이 수학적 지식을 머리 속에 주입하는 것이 아니라 태어나서부터 누구나 가지고 있는 수학에 대한 관심, 그리고 수학으로 생각하는 힘을 일깨워주는 것입니다.

수학을 잘할 수 있는 힘,

수학적 잠재력은 이미 여러분 아이들의 머릿 속에 줄곧 있어왔습니다. 단지 어떤 아이는 그것을 찾아내어 드러낼 수 있었고, 어떤 아이는 꼭꼭 숨긴 채 평생 드러나지 않을 뿐입니다. 이러한 수학적 잠재력에 대한 참신한 자극 – 생각을 두드리는 '노크'를 제안하려 합니다. '노크'는 수학적 지식과 스킬만을 무리하게 밀어넣지 않습니다. 왜 수학을 해야 하고, 어떻게 수학으로 가능한지 끊임없이 스스로 생각하게하는 계기로서의 활동이 되려 합니다. 일상으로부터 괴리된 학문으로서의 수학이 아닌, 삶을 살아가며 반드시 키워야 할 논리적, 합리적 사고력을 기를 수 있는 누구에게나 가장 중요한 경쟁력으로서의 수학을 주장합니다. '노크'야말로 새로운 수학 학습의 길을 보여주는 방향타가 될 것입니다.

한 현 조

똑!똑! 사고력 수학
노크의 구성

시작 : 생각열기

사고력 수학 주제에 맞는 수학적 상황, 수학사, 생활 속 수학 이야기 등의 자유로운 형식으로 흥미를 유발하고, 수학적 사고를 자극하는 주제별 프롤로그

노코 포인트

문제 해결의 핵심적 원리를 '콕!' 집어서 간결하게 요약한 사고력 수학 주제별 포인트

전개 : 유형 탐구

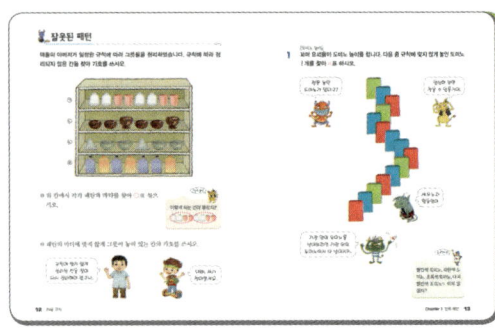

사고력 수학의 대표 유형을 노크만의 새로운 방법으로 차근차근 한 단계씩 익히고 해결하는 단계적 유형 탐구와 이를 통해 익힌 방법적 원리를 적용, 확장하는 확인 문항

수학 요정들의 친절한 충고와 꼬마 요괴들의 밉살스럽지만 유용한 조언으로 어려운 발전 문항의 해결을 돕는 문제 해결 도우미 박스

발전 : 창의적 문제해결력

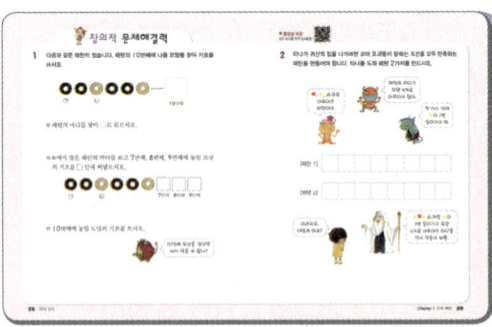

3개의 사고력 수학 주제를 갈무리하는, 한 차원 높은 창의력과 복합적인 사고력을 요구하는 발전 문항의 끝판왕

마무리 : 정답 및 해설

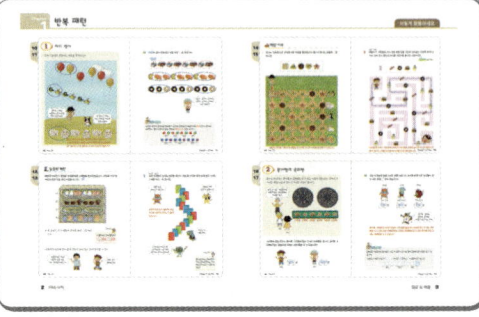

본문에 그대로 첨삭된 정답과 간략한 풀이 과정을 통한 사고력 수학 활동 피드백으로 마무리

노크
캐릭터 소개

애니메이션

지식을 되찾기 위해 노크랜드로 떠난 모험가 친구들

생각만 하지 말고 직접 해 봐야 해.

한번 시작하면 끝까지 해야지.

생각을 먼저 하면 실수하는 일이 없어.

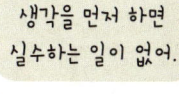

수학 세상의 모든 일이 궁금해.

태돌
추진력 대장

현우
끈기 도령

티나
치밀한 전략가

큐리
호기심 해결사

마법사 멀린과 수학 요정

마법사 멀린

노크랜드의 지식의 수호자. 지식을 파괴하려는 대마왕의 음모에 맞서 모험을 떠난 친구들의 든든한 조력자.

아르키메데스

페르마

플라톤

파스칼

피타고라스

가우스

유클리드

오일러

대마왕과 꼬마 요괴

대마왕

노크랜드의 지식의 파괴자. 세계를 차지하기 위해 모든 지식을 없애버리려고 하는 요괴들의 두목.

딴소리

한입

장난

잘난척

딴짓

멍하니

잠만자

대충이

산만해

울보

거꾸로

뛰어

이 책의
차 례

Chapter 1

반복 패턴

1 마디 찾기

다음 그림에서 반복되는 것들을 찾아보시오.

 와 같이 반복되는 것을 모두 ◯로 묶으시오.

(토끼, 코끼리, 코끼리),
(토끼, 코끼리, 코끼리)
이제 알았다!

노크 포인트

규칙을 정하여 순서대로 늘어놓고 이것을 반복하여 나타낸 것을 패턴이라고 합니다.
패턴에서 계속 반복하여 놓는 부분을 패턴의 마디라고 합니다.

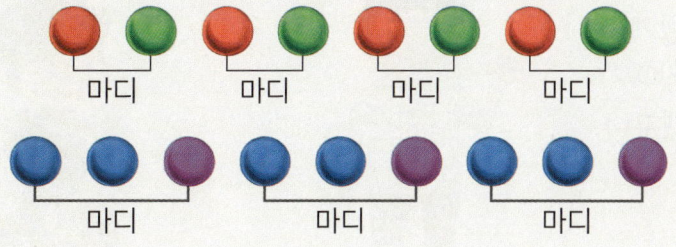

 잘못된 패턴

태돌이 아버지가 일정한 규칙에 따라 그릇들을 정리하였습니다. 규칙에 따라 정리되지 않은 칸을 찾아 기호를 쓰시오.

❶ 위 칸에서 각각 패턴의 마디를 찾아 ○로 묶으시오.

이것도 몰라!

이렇게 하는 건데 몰랐지?

❷ 패턴의 마디에 맞지 않게 그릇이 놓여 있는 칸의 기호를 쓰시오.

규칙에 맞지 않게 정리된 칸을 찾아 다시 정리해야 겠구나.

아빠, 제가 찾아볼게요.

1 꼬마 요괴들이 도미노 놀이를 합니다. 다음 중 규칙에 맞지 않게 놓인 도미노
ㅣ개를 찾아 ×표 하시오.

잘못 놓인
도미노가 있다고?

열심히 보면
찾을 수 있을거야.

세우느라
힘들었어.

가장 앞의 도미노를
넘어뜨리면 가장 뒤의
도미노까지 다 넘어지지.

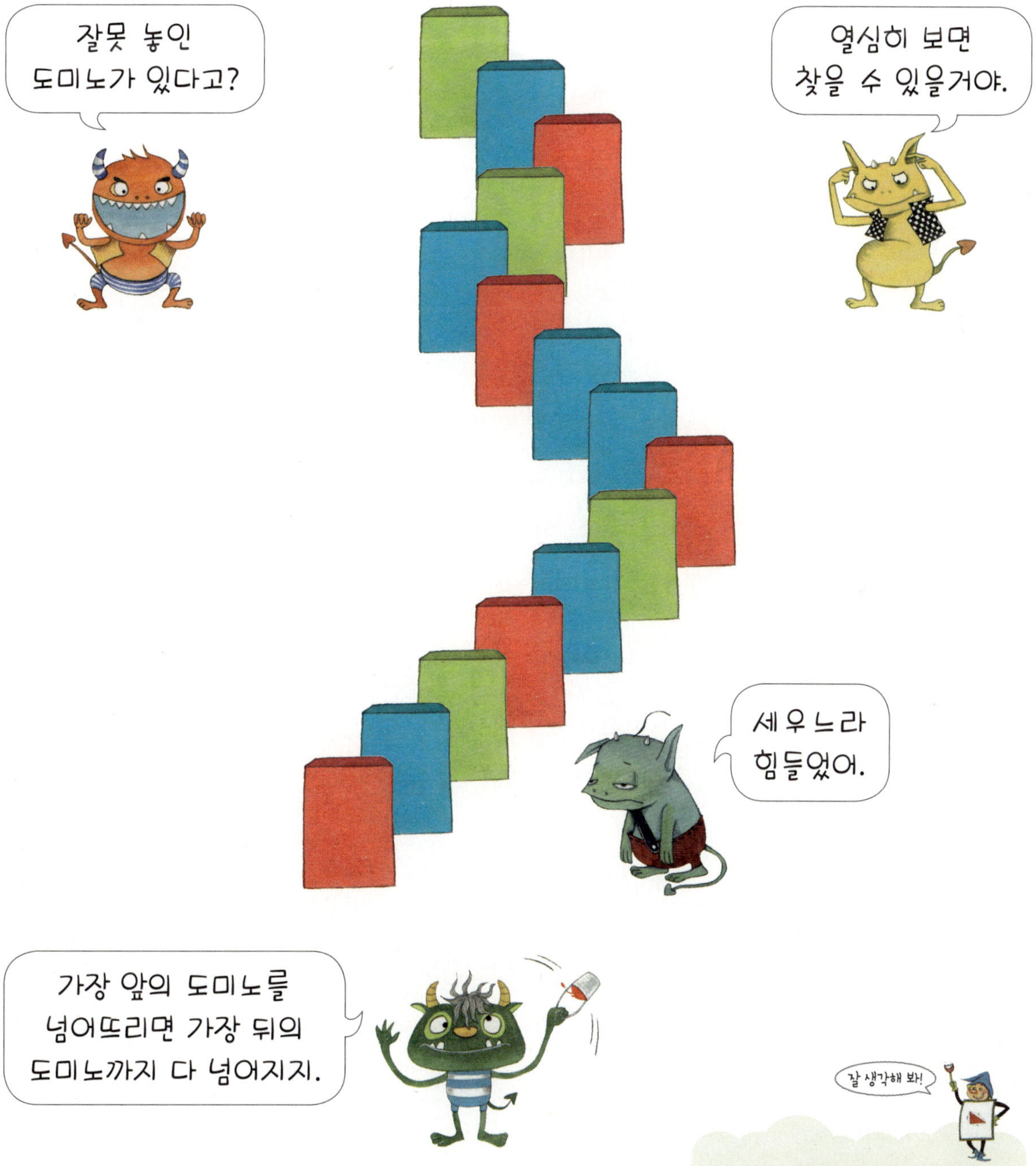

빨간색 도미노, 파란색 도미노, 초록색 도미노, 다시 빨간색 도미노~ 이제 알겠지?

🐢 패턴 미로

티나는 다음과 같은 규칙에 따라 미로를 통과합니다. 티나가 만나는 동물에 ⭕표
하시오.

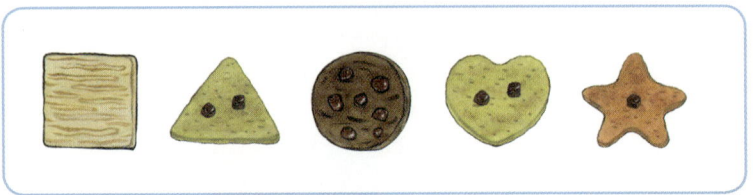

[패턴 미로]

1 태돌이가 과자집에 가는 가장 빠른 길을 선으로 나타내고, 미로를 빠져 나가는 길에 있는 패턴의 마디를 스티커를 붙여서 나타내시오.

마디

붕어빵과 국화빵

현우네 동네에는 붕어빵과 국화빵을 같이 파는 가게가 있습니다. 가게의 아저씨는 빵을 다음과 같은 순서대로 구워서 팝니다.

줄을 서 있는 사람들에게 왼쪽에 있는 붕어빵부터 차례로 팔지.

현우

티나

l 번째에 있는 현우는 붕어빵, 2번째에 있는 티나는 국화빵을 삽니다. 3번째, 4번째에 있는 태돌이와 큐리는 어떤 빵을 살 수 있습니까?

태돌   빵

큐리   빵

꼬마 요괴들이 빵을 사려고 줄을 섰습니다. 순서에 맞게 꼬마 요괴들이 살 수 있는 빵을 ☐ 안에 써넣으시오.

6번째

장난 요괴

☐ 빵

7번째

멍하니 요괴

☐ 빵

8번째

한입 요괴

☐ 빵

붕어빵, 국화빵,
붕어빵, 국화빵~
이렇게 팔고 있는거야.

노크 포인트

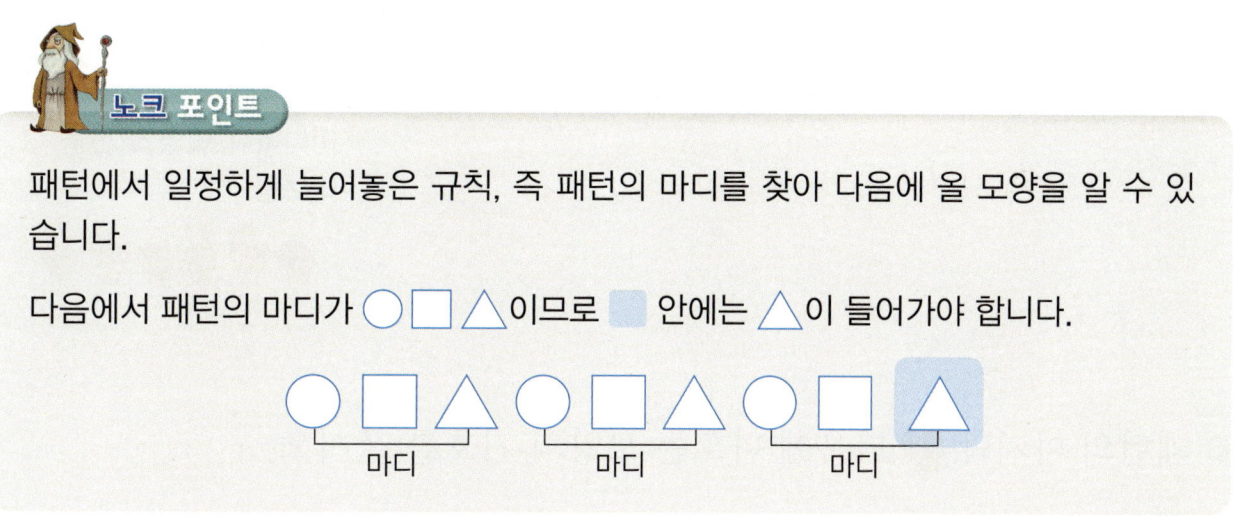

패턴에서 일정하게 늘어놓은 규칙, 즉 패턴의 마디를 찾아 다음에 올 모양을 알 수 있습니다.

다음에서 패턴의 마디가 ○ ☐ △ 이므로 ☐ 안에는 △ 이 들어가야 합니다.

○ ☐ △   ○ ☐ △   ○ ☐ △

마디   마디   마디

 안에 알맞은 모양

다음 패턴의 규칙을 찾아 ☐ 안에 알맞은 모양의 기호를 써넣으시오.

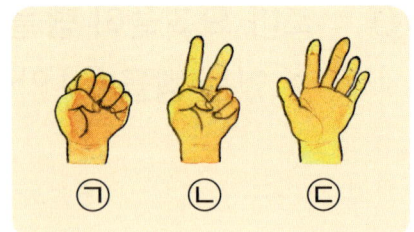

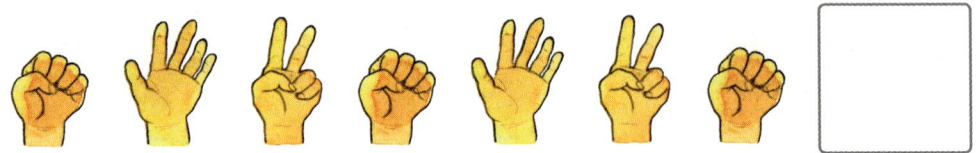

❶ 위 패턴의 순서를 주어진 기호를 사용하여 나타내시오.

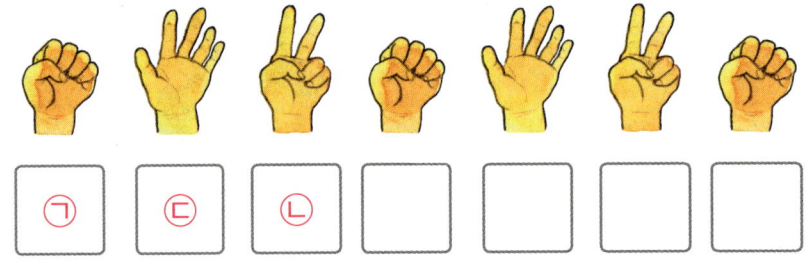

❷ 패턴의 마디를 기호를 사용하여 나타내시오.

❸ ❶의 패턴에 패턴의 마디마다 선을 그어 보시오.

마디마다 이렇게 선을 그어보렴.

❹ 패턴의 마지막 ✊ 다음에 나오는 모양의 기호를 쓰시오.

1 패턴의 규칙을 찾아 ☐ 안에 알맞은 모양을 선으로 이으시오.

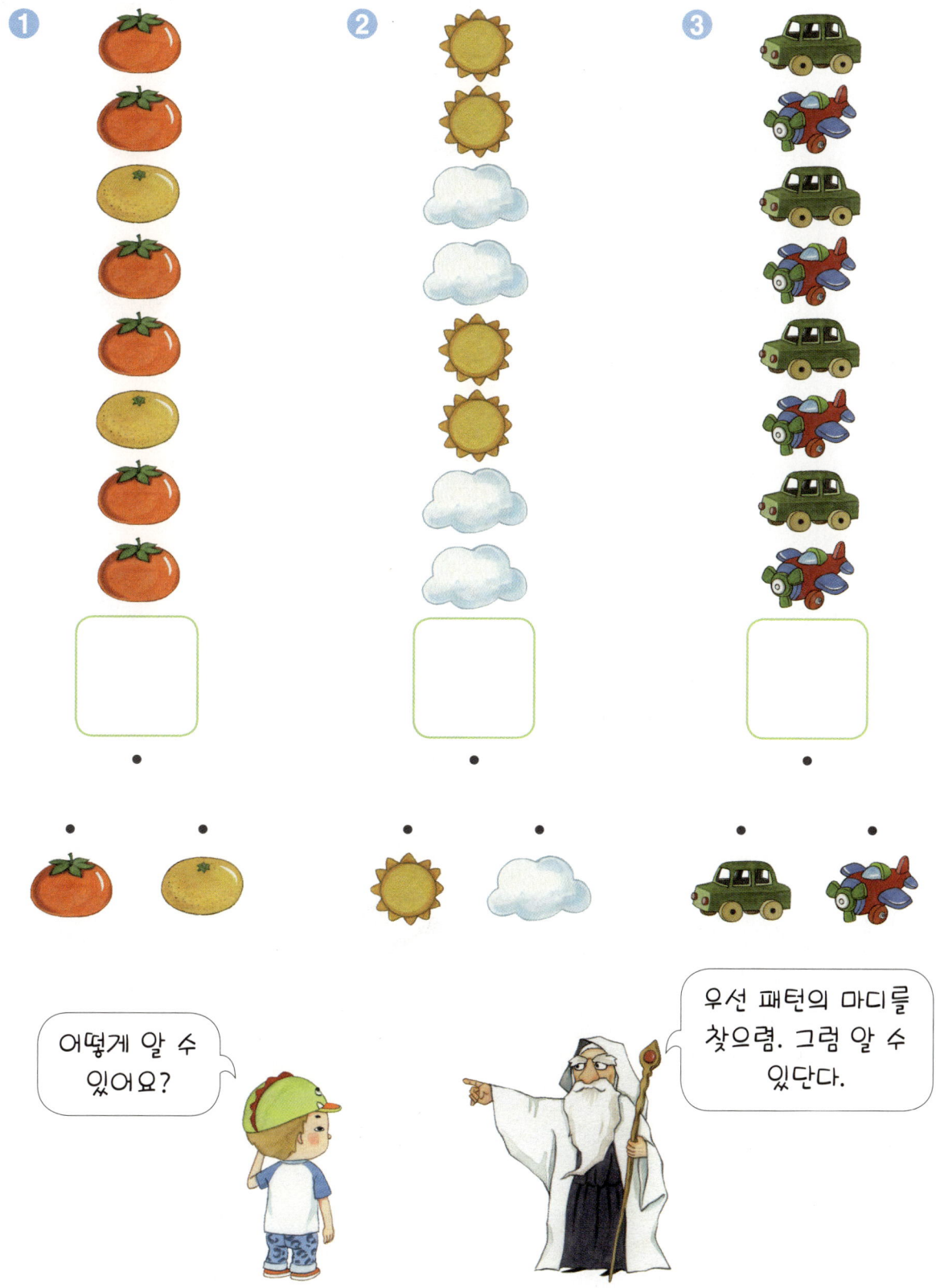

어떻게 알 수 있어요?

우선 패턴의 마디를 찾으렴. 그럼 알 수 있단다.

 # 패턴 완성

구슬이 놓인 규칙에 맞게 빈 곳에 알맞은 구슬 스티커를 붙이시오.

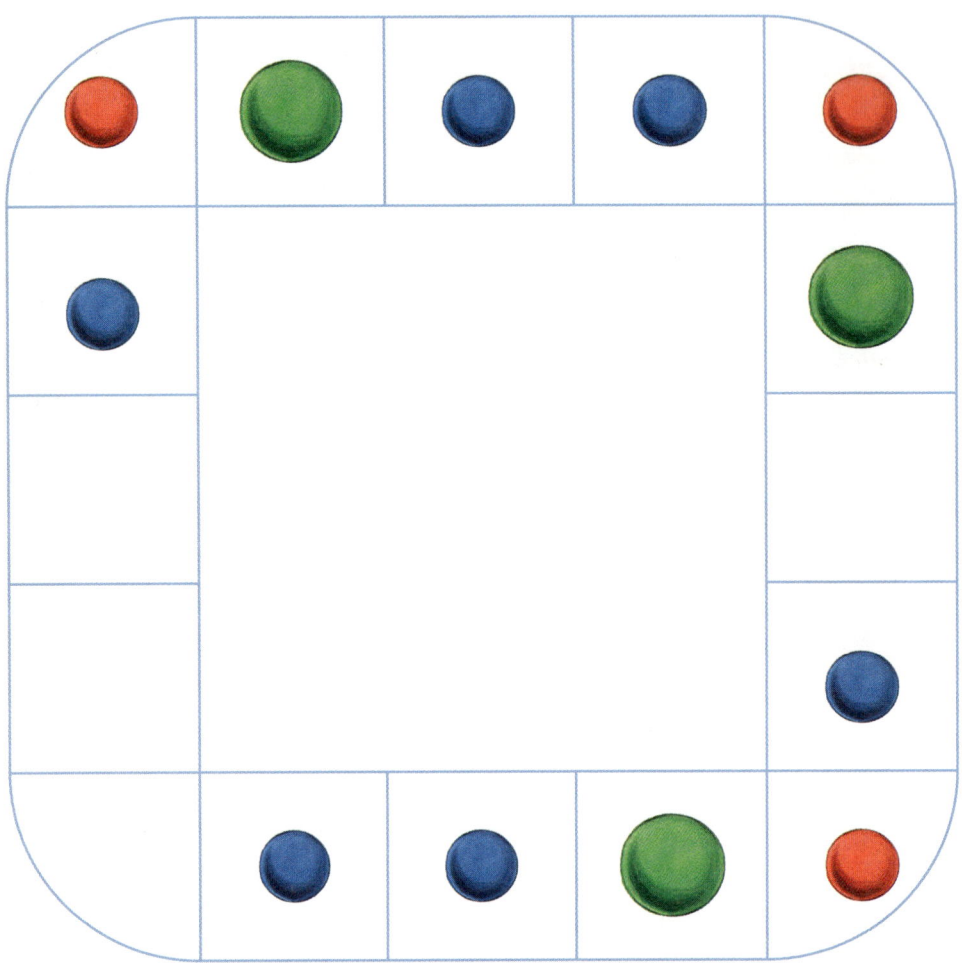

앙앙. 이게 뭐야.
패턴이 한 줄로
되어 있어야지.
전혀 모르겠어.

한 쪽 방향으로
돌면서 놓인
구슬의 색깔을 보면
패턴을 알 수 있지.

1 ○△□◇가 반복적으로 그려진 길을 장난감 자동차가 지나갑니다. 자동차에 가려져 보이지 않는 모양을 ☐ 안에 그리시오.

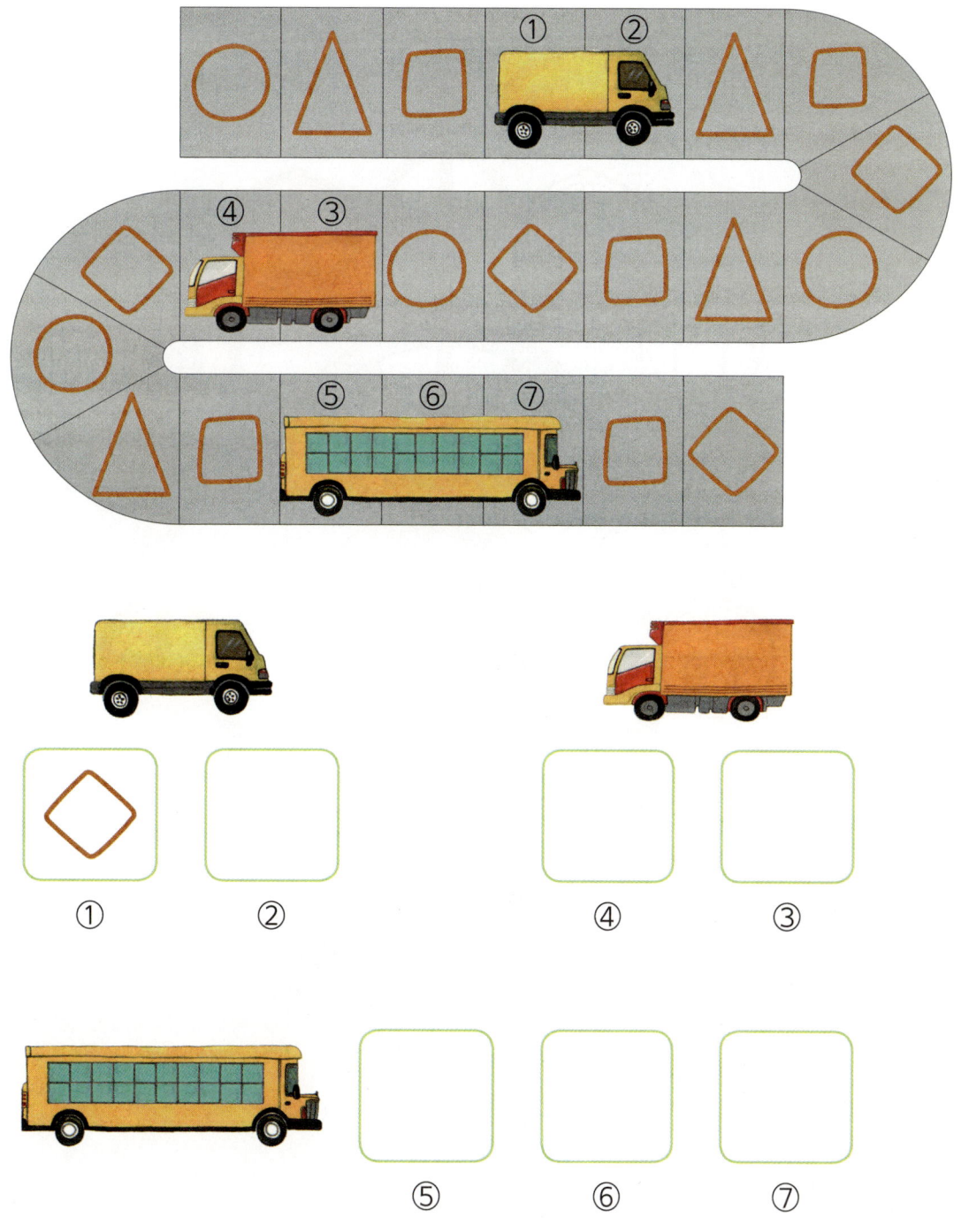

색깔 패턴

친구들이 놀러간 놀이 공원에 있는 관람차에 규칙적으로 색깔이 칠해져 있습니다. 색연필을 사용하여 관람차를 색칠하시오.

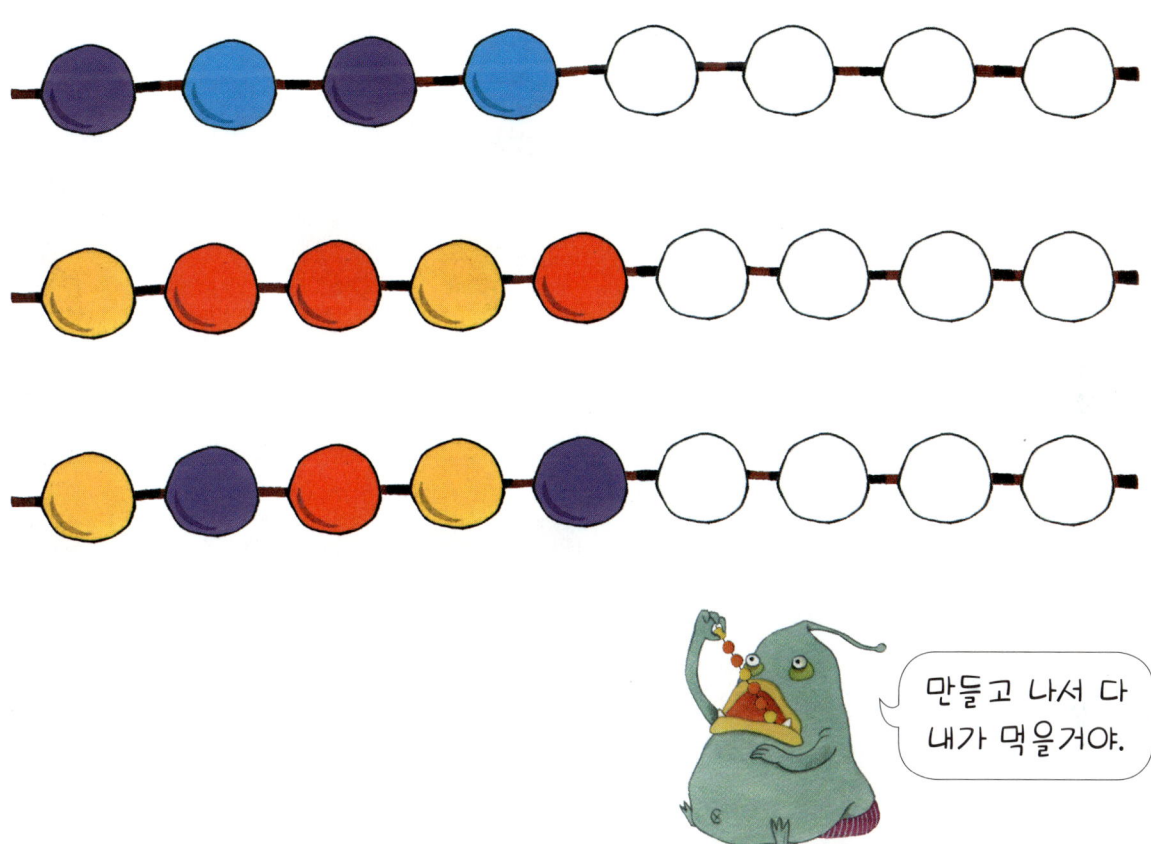

티나 어머니는 일정한 규칙에 따라 꼬치를 만들고 있습니다. 규칙을 찾아 빈 곳을 알맞게 색칠하시오.

만들고 나서 다 내가 먹을거야.

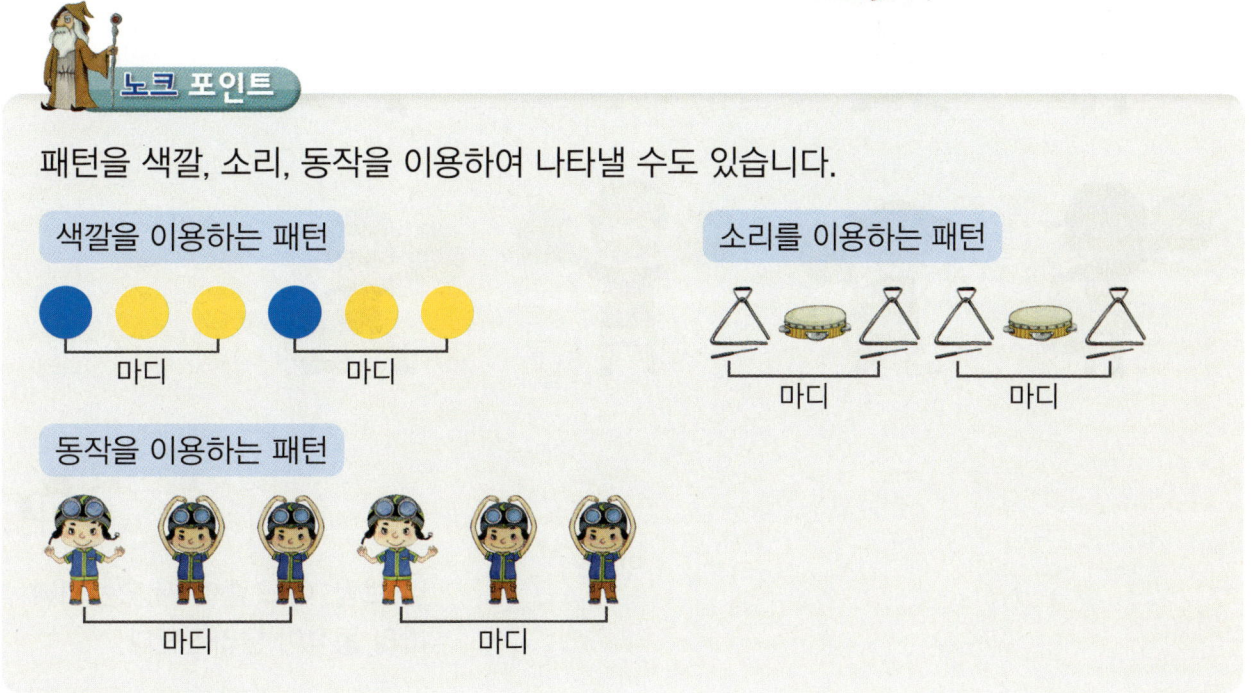

노크 포인트

패턴을 색깔, 소리, 동작을 이용하여 나타낼 수도 있습니다.

색깔을 이용하는 패턴

마디   마디

소리를 이용하는 패턴

마디   마디

동작을 이용하는 패턴

마디   마디

동작 패턴

태돌이와 친구들은 피구 경기에서 같은 반 친구들을 응원하기 위해 응원가에 맞추어 단체 무용을 합니다. ▢ 안에 알맞은 동작을 하고 있는 친구를 찾아 기호를 써넣으시오.

ㄱ   ㄴ   ㄷ   ㄹ   ㅁ

잘 생각해 봐!

잘 보렴. 어느 줄에 서 있는지에 따라 동작이 달라진단다.

1 아침에 일어난 토끼가 동작을 반복하며 체조를 합니다. 빈 곳에 알맞은 스
티커를 붙여 보시오.

준비물 토끼 스티커

①

②

[동요]

2 현우가 같은 동작을 반복하며 동요에 맞추어 율동을 합니다. 현우가 다음
에 할 동작에 ◯표 하시오.

 # 소리 패턴

대마왕과 꼬마 요괴들이 리듬 놀이를 합니다. 리듬에 맞추어 빈 곳에 알맞은 손, 발 스티커를 붙여 보시오.

준비물   손, 발 스티커

쿵쿵짝, 쿵쿵짝~
내가 만든 리듬이야.

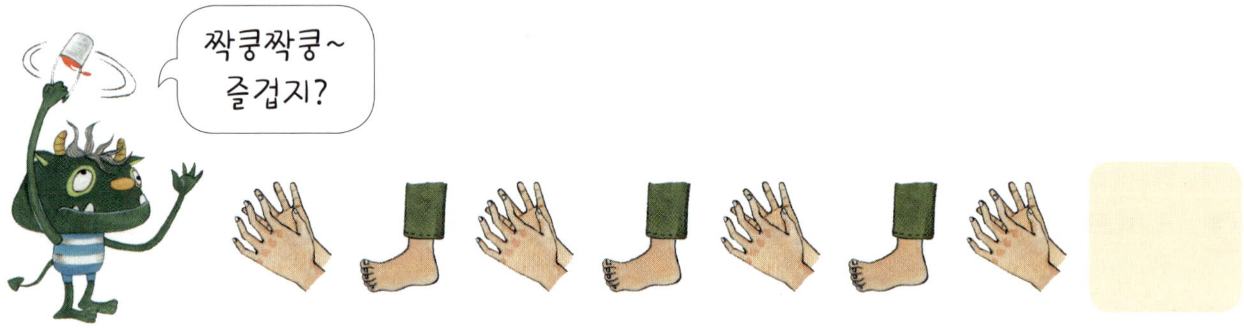

짝쿵짝쿵~
즐겁지?

잘 들어봐. 짝짝쿵쿵,
짝짝쿵쿵~

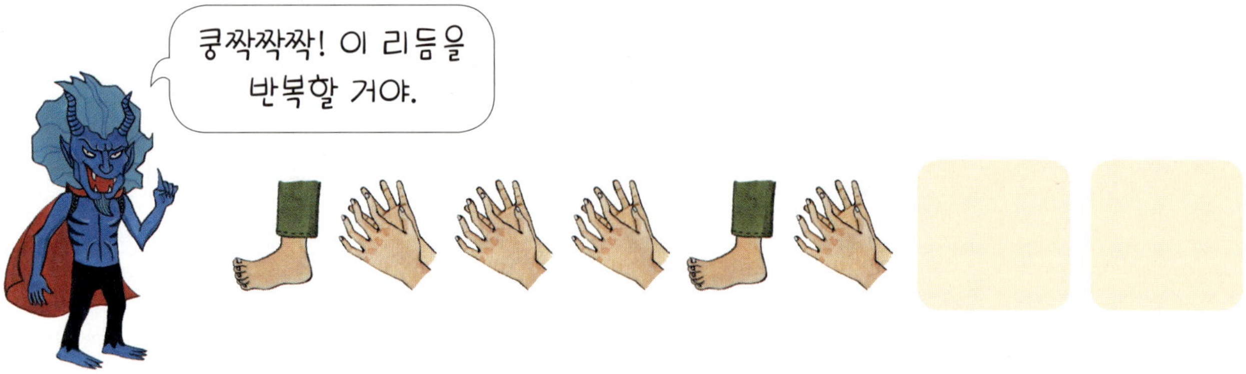

쿵짝짝짝! 이 리듬을
반복할 거야.

[북 장단 맞추기]

1 꼬마 요괴들이 일정한 리듬에 맞춰 북을 칩니다. 리듬에 맞지 않게 북을 친 요괴에 ×표 하시오.

창의적 문제해결력

1 다음과 같은 패턴이 있습니다. 패턴의 10번째에 나올 모양을 찾아 기호를 쓰시오.

ㄱ   ㄴ   10번째

❶ 패턴의 마디를 찾아 ◯로 묶으시오.

❷ ❶에서 찾은 패턴의 마디를 보고 **7**번째, **8**번째, **9**번째에 놓일 도넛의 기호를 ☐ 안에 써넣으시오.

ㄱ   ㄴ   7번째 8번째 9번째

❸ 10번째에 놓일 도넛의 기호를 쓰시오.

10번째 도넛을 찾으면 내가 먹을 수 있나?

2 티나가 귀신의 집을 나가려면 꼬마 요괴들이 말하는 조건을 모두 만족하는 패턴을 만들어야 합니다. 티나를 도와 패턴 2가지를 만드시오.

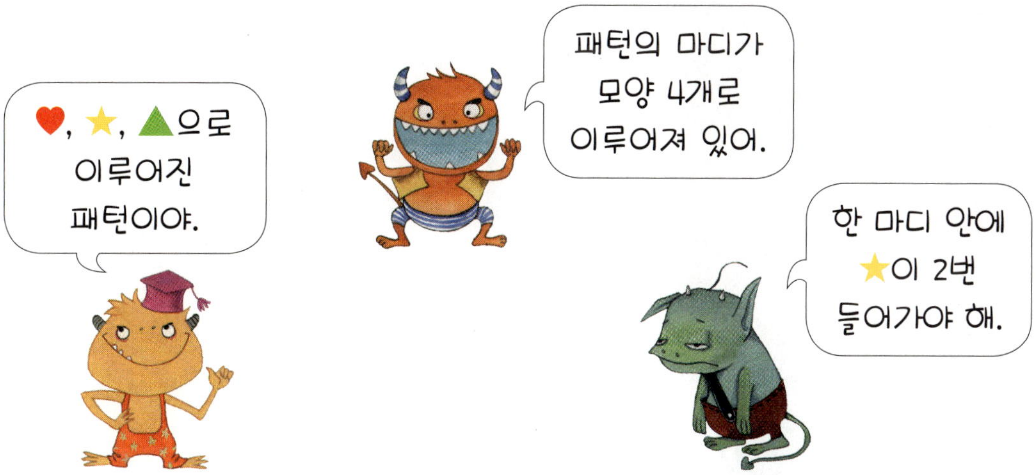

♥, ⭐, ▲으로 이루어진 패턴이야.

패턴의 마디가 모양 4개로 이루어져 있어.

한 마디 안에 ⭐이 2번 들어가야 해.

[패턴 1]

[패턴 2]

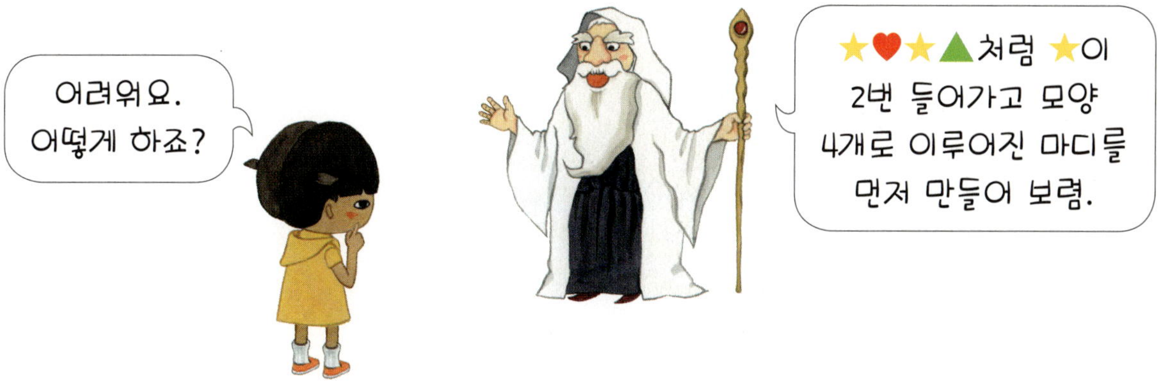

어려워요. 어떻게 하죠?

⭐♥⭐▲처럼 ⭐이 2번 들어가고 모양 4개로 이루어진 마디를 먼저 만들어 보렴.

Chapter 2 규칙 1

재미있는 규칙

태경이와 친구들이 마법의 성으로 갑니다. 파스칼 요정은 마법의 성에 들어갈 수 있는 친구와 들어갈 수 없는 친구를 이야기합니다.

마법의 성으로 들어갈 수 있는 친구와 들어갈 수 없는 친구가 있습니다. 마법의 성으로 들어갈 수 있는 규칙을 이야기해 보시오.

여러 가지 음료수를 일정한 규칙에 따라 컵에 따릅니다. 음료수를 따른 규칙을 찾아보시오.

노크 포인트

① 일정한 규칙에 따라 단어를 늘어놓을 수 있습니다.
  • 시작 글자가 같은 낱말: 사진 – 사랑 – 사과 – 사자 – 사슴
  • 앞의 끝 글자가 뒤의 첫 글자인 낱말: 바다 – 다시마 – 마차 – 차표 – 표지판

② 특정한 단어를 숫자로 나타내는 규칙을 정하여 암호를 만들 수 있습니다.
  규칙 엄마 → 1   사랑해 → 2

  1은 너를 2 → 엄마는 너를 사랑해

낱말 규칙

큐리가 가장 빠른 길로 미로를 통과합니다. 큐리가 가는 길을 선으로 나타내고 길에 있는 낱말들의 규칙을 쓰시오.

[규칙 찾기]

1 일정한 규칙에 따라 낱말 카드를 늘어놓았습니다. 카드를 늘어놓은 규칙을 찾아 기호를 쓰시오.

> ㉠ 모두 2글자 낱말입니다.
> ㉡ 시작하는 글자가 모두 같은 낱말입니다.
> ㉢ 끝나는 글자가 모두 같은 낱말입니다.

마법사 → 마차 → 마술 → 마귀 → 마부

[낱말 잇기]

2 꼬마 요괴들이 일정한 규칙에 따라 낱말 잇기 게임을 합니다. 규칙을 찾아 장난 요괴가 말할 수 있는 단어를 2개 써보시오.

| 침대 | 대나무 | 무사 | 사진사 | ? |

잠만자 요괴   딴짓 요괴   한입 요괴   거꾸로 요괴   장난 요괴

잘 생각해 봐!

침대 - 대나무 - 무사 -
사진사 - 사○
이제 규칙을 알겠지?

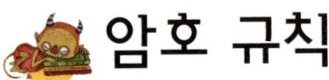 ## 암호 규칙

거꾸로 요괴가 다음과 같은 쪽지를 보냈습니다. 거꾸로 요괴가 태돌이를 초대한 곳은 어디입니까?

> 어디로 초대하는지 모르겠어요.

> 마법의 암호표 없이 쪽지를 주었구나. 아래 표를 보면 이해할 수 있을거다.

태돌이에게
안녕, 나는 거꾸로 요괴( )야.
어제 너랑 250에서 놀아서 재미있었어.
내일 396에 너를 초대할게.
다른 요괴 친구들은 396에 가는 걸 싫어해서 혼자 가야 하거든.
우리 내일 점심 먹고 814 7 앞에서 만나자.

숫자	0	1	2	3	4	5	6	7	8	9
글자	터	법	놀	도	의	이	관	성	마	서

❶ 거꾸로 요괴와 태돌이는 어제 250에서 같이 놀았습니다. 암호표에서 각 숫자가 나타내는 글자를 찾아 250은 어디인지 알아보시오.

2 [놀] 5 [ ] 0 [ ]

> 이것도 몰라!

> 숫자가 나타내는 글자를 읽으면 되는 거야.
>
> | 숫자 | 0 | 1 | 2 | 3 | 4 | 5 |
> |------|---|---|---|---|---|---|
> | 글자 | 터 | 법 | 놀 | 도 | 의 | 이 |

❷ ❶과 같은 방법으로 쪽지에 숫자로 표시된 낱말들을 한글로 나타내시오.

3 [도] 9 [ ] 6 [ ]   8 [ ] 1 [ ] 4 [ ] 7 [ ]

❸ 거꾸로 요괴가 태돌이를 초대한 곳을 쓰시오.

[손 암호]

1 귀가 잘 들리지 않는 딴소리 요괴를 위해 현우는 손을 이용하여 대화를 나누기로 하였습니다. 손 모양과 단어를 약속한 표를 보고, 현우와 딴소리 요괴가 하는 말을 한글로 나타내시오.

현우

딴소리 요괴

손 모양 약속

손 모양										
단어	케이크	좋아	책	게임	손	축구	싫어	쿠키	신발	발

우리 [   ] 그만 하고 나가서 [   ] 하자.

[   ] . [   ] 이 없어서 [   ] 이 아프단 말이야.

5 예, 아니요 규칙

현우는 동그라미 얼굴 모양과 세모 얼굴 모양을 규칙에 따라 그리고 있습니다. '예'라고 하면 앞과 같은 얼굴 모양, '아니요'라고 하면 다른 얼굴 모양을 그려 보시오.

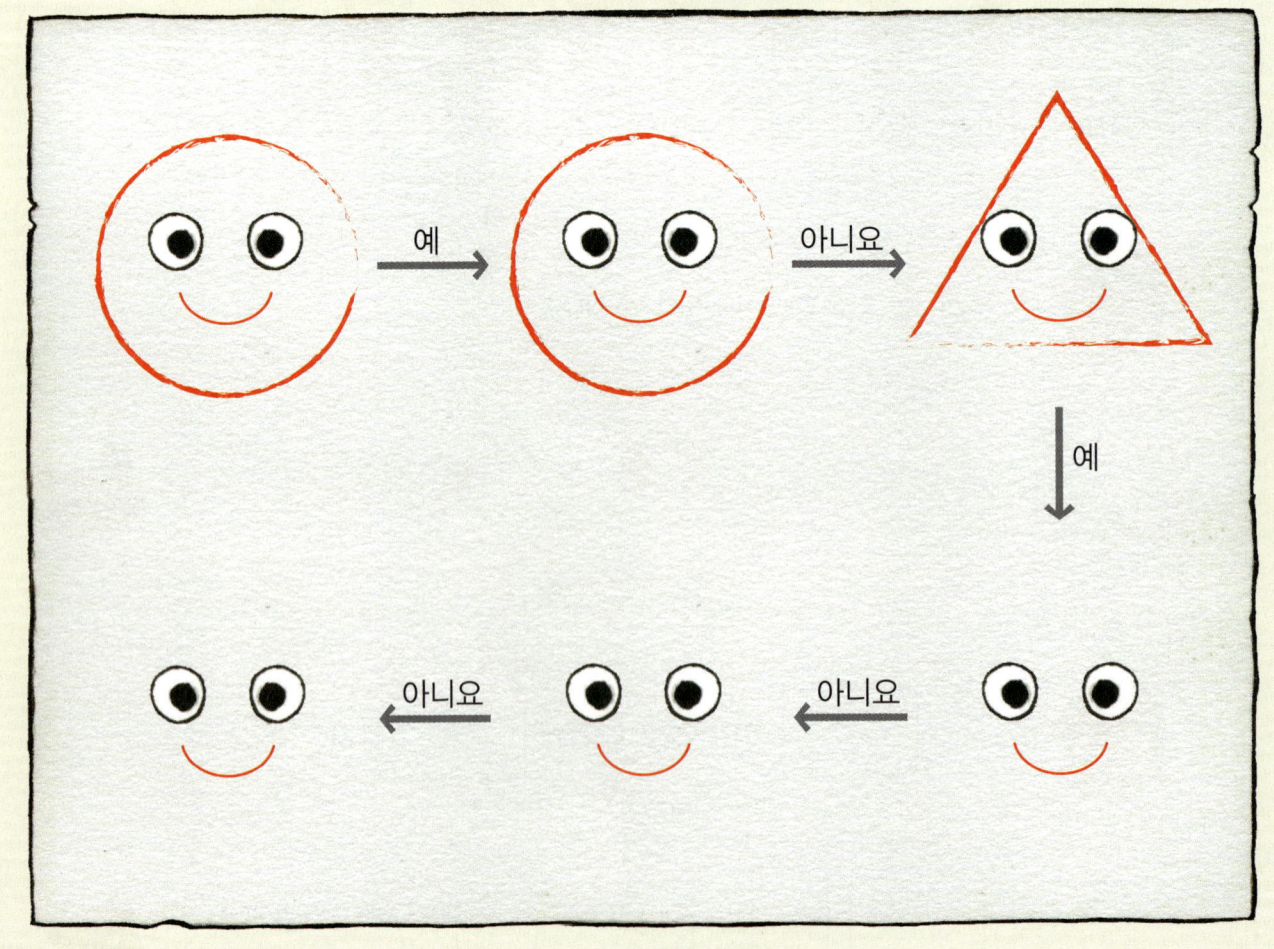

'뿡'은 같은 물건, '뿡뿡'은 다른 물건이 나오는 규칙입니다. 🚒와 🚓 두 가지 물건이 있을 때, 빈 곳에 알맞은 물건 스티커를 붙이시오.

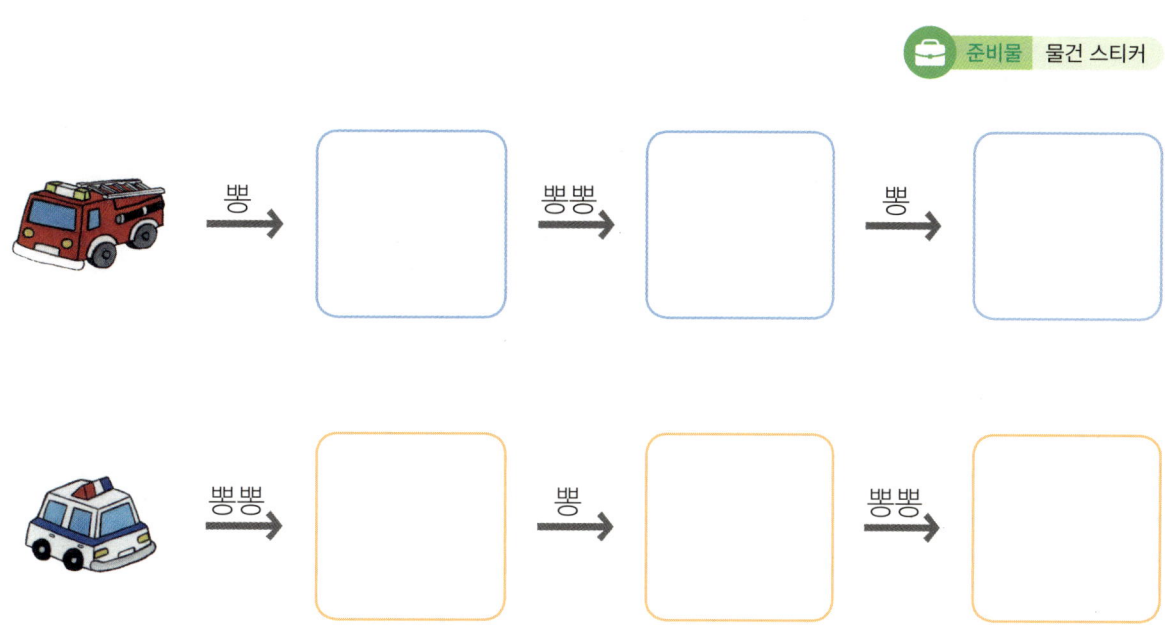

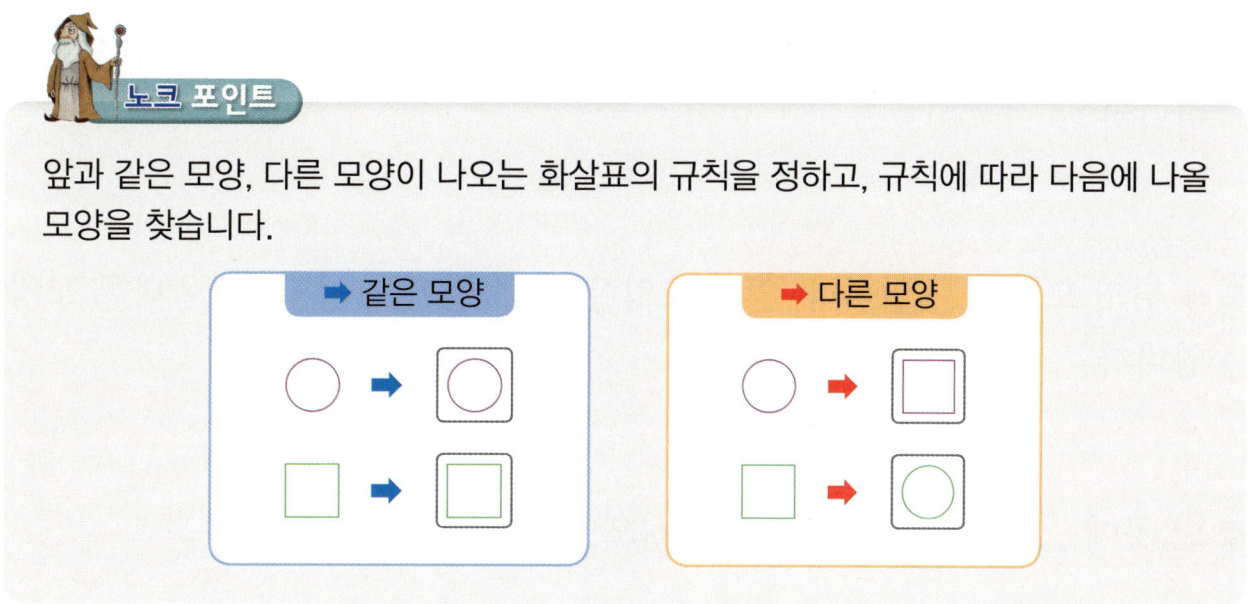

노크 포인트

앞과 같은 모양, 다른 모양이 나오는 화살표의 규칙을 정하고, 규칙에 따라 다음에 나올 모양을 찾습니다.

화살표 규칙

태돌이는 다음과 같이 화살표 규칙을 만들었습니다. 태돌이가 만든 규칙에 따라 빈 곳에 ○ 또는 □을 그리시오.

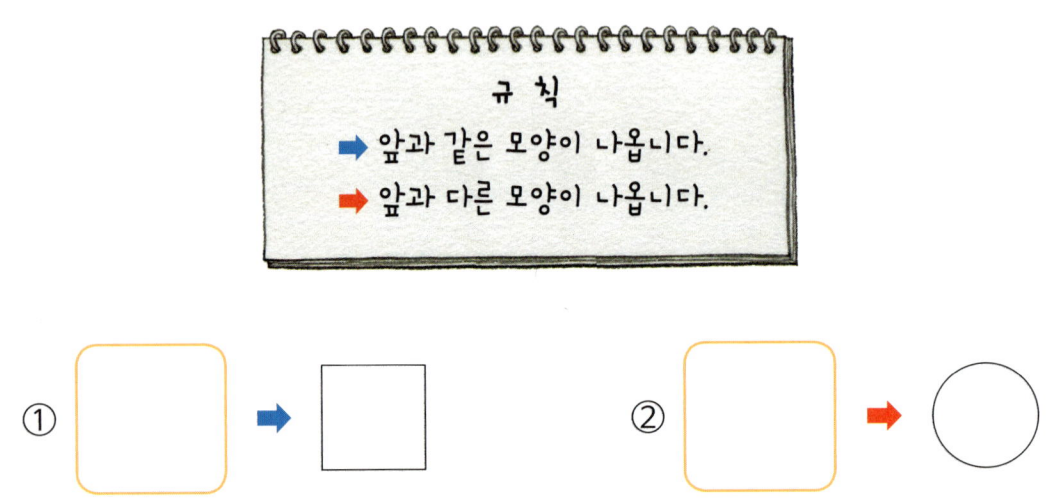

❶ 화살표 앞의 모양이 ○일 때, 규칙에 맞게 ○ 또는 □을 그려 넣으시오.

❷ ➡ 뒤의 모양은 □입니다. 앞의 모양은 □와 같은 모양입니까? 다른 모양입니까?

❸ ➡ 뒤의 모양은 ○입니다. 앞의 모양은 ○와 같은 모양입니까? 다른 모양입니까?

❹ 빈 곳에 ○ 또는 □을 그려 넣으시오.

[빨간색, 파란색]

1 ➡은 같은 동물, ➡은 다른 동물이 나오는 규칙입니다. 다음 화살표에 알맞은 색을 칠하시오.

[화살표의 앞, 뒤]

2 다음 규칙에 따라 빈 곳에 2가지 인형 중 알맞은 인형 스티커를 붙이시오.

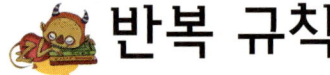 # 반복 규칙

➡은 앞과 같은 모양, ➡은 앞과 다른 모양이 나옵니다. 화살표가 여러 번 있을 때
빈 곳에 ○ 또는 □을 그리시오.

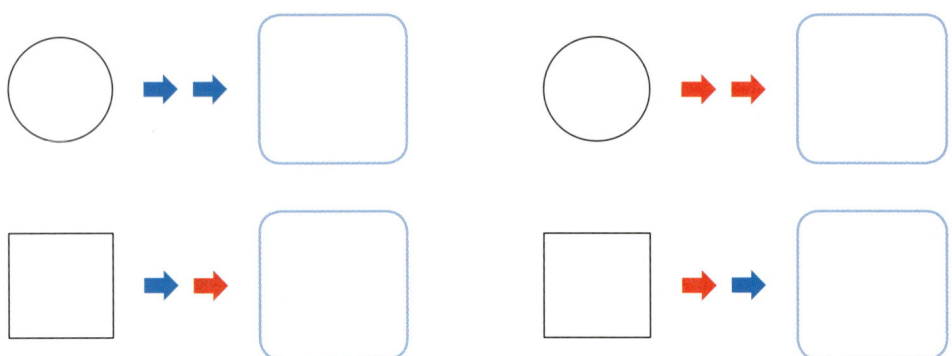

❶ ➡(➡)가 **2**번 있는 경우는 ➡(➡)가 **l**번 있는 경우의 모양을 생각하여 빈
곳에 ○ 또는 □을 그려 넣으시오.

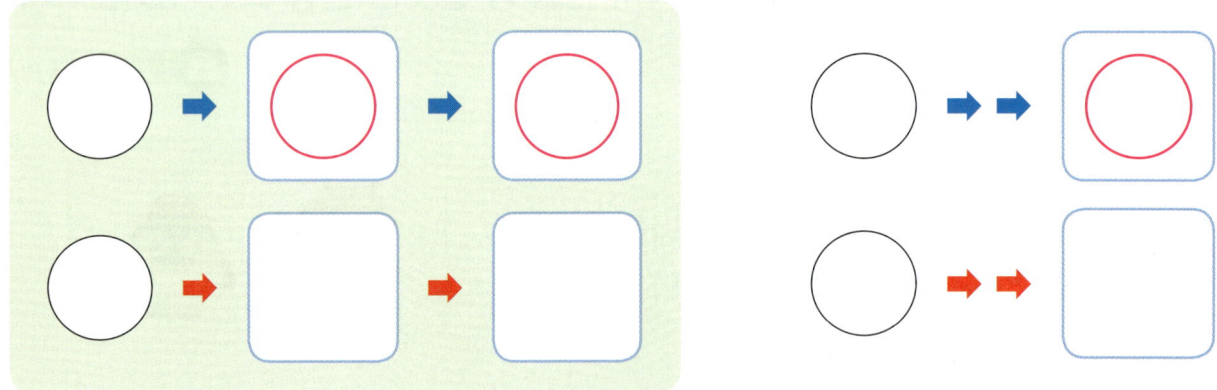

❷ ❶과 같이 ➡와 ➡가 같이 있는 경우 빈 곳에 알맞은 모양을 그리시오.

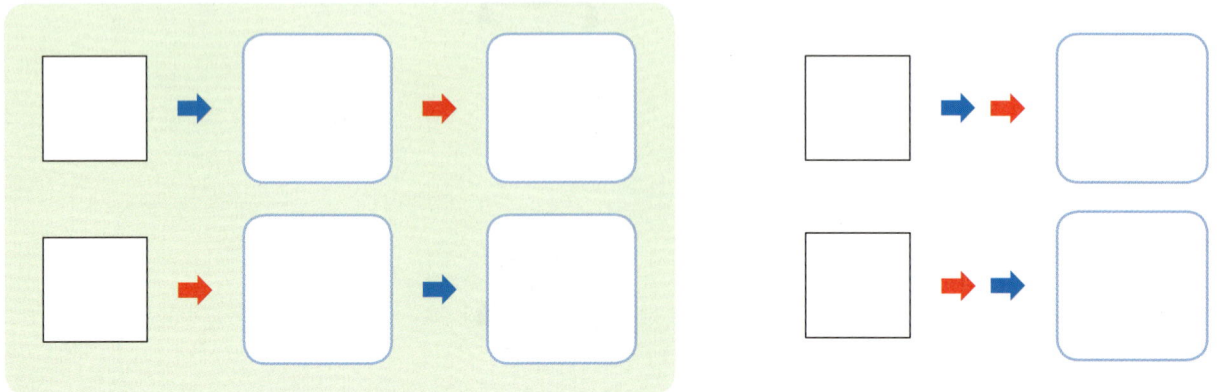

[빵, 우유]

1 마법 상자에 음식을 넣습니다. 상자에 쓰인 글자가 '빵'이면 같은 음식, '우유' 면 다른 음식이 나오는 규칙입니다. 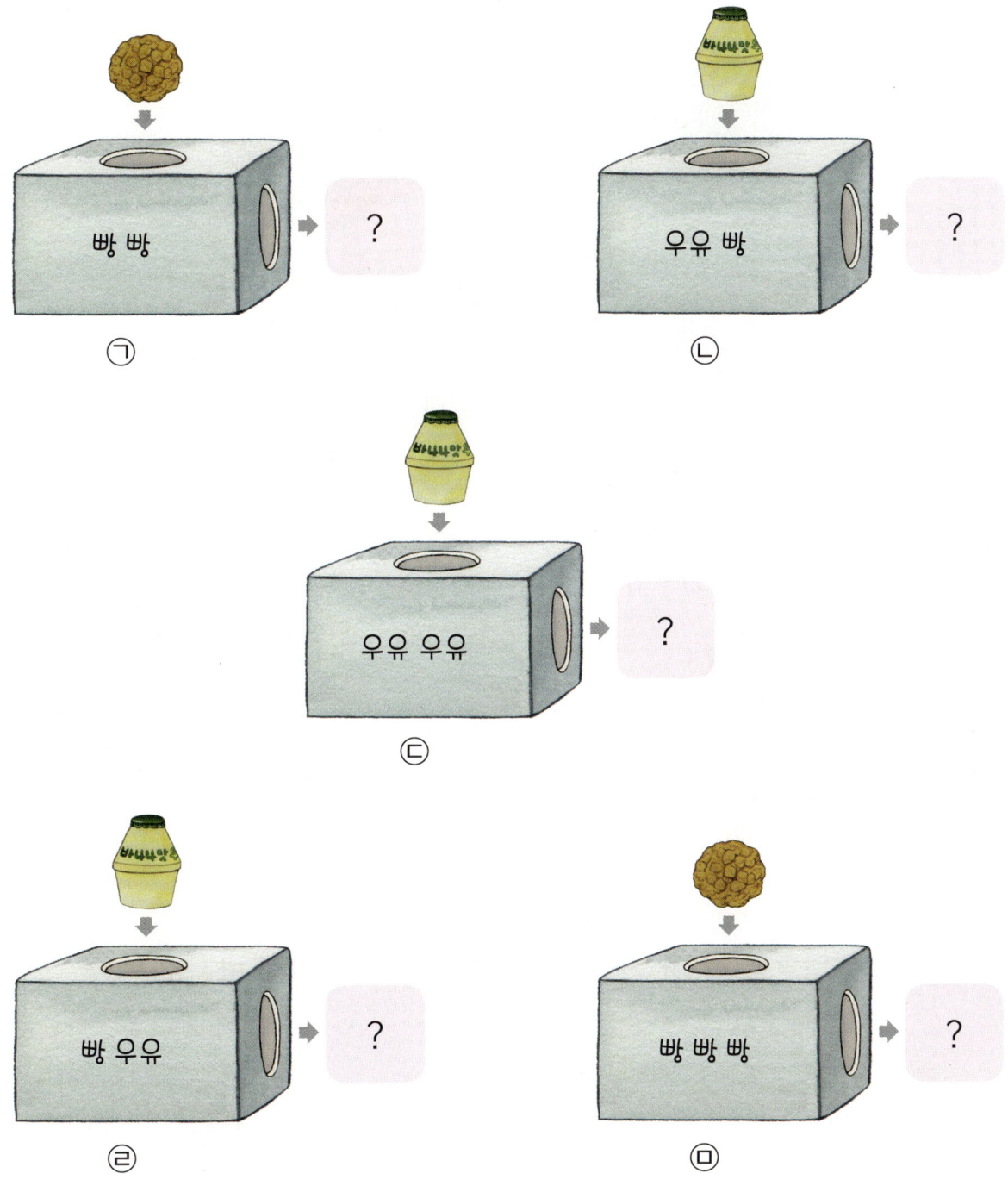과 두 가지 음식이 있을 때, 다음 중 가 나오는 마법 상자의 기호를 쓰시오.

 **통과 암호**

티나가 외눈박이 거인의 앞을 지나가려고 합니다. 거인에게 암호를 기억하여 말하지 않으면 거인은 돌을 떨어뜨려 길을 막아버립니다.

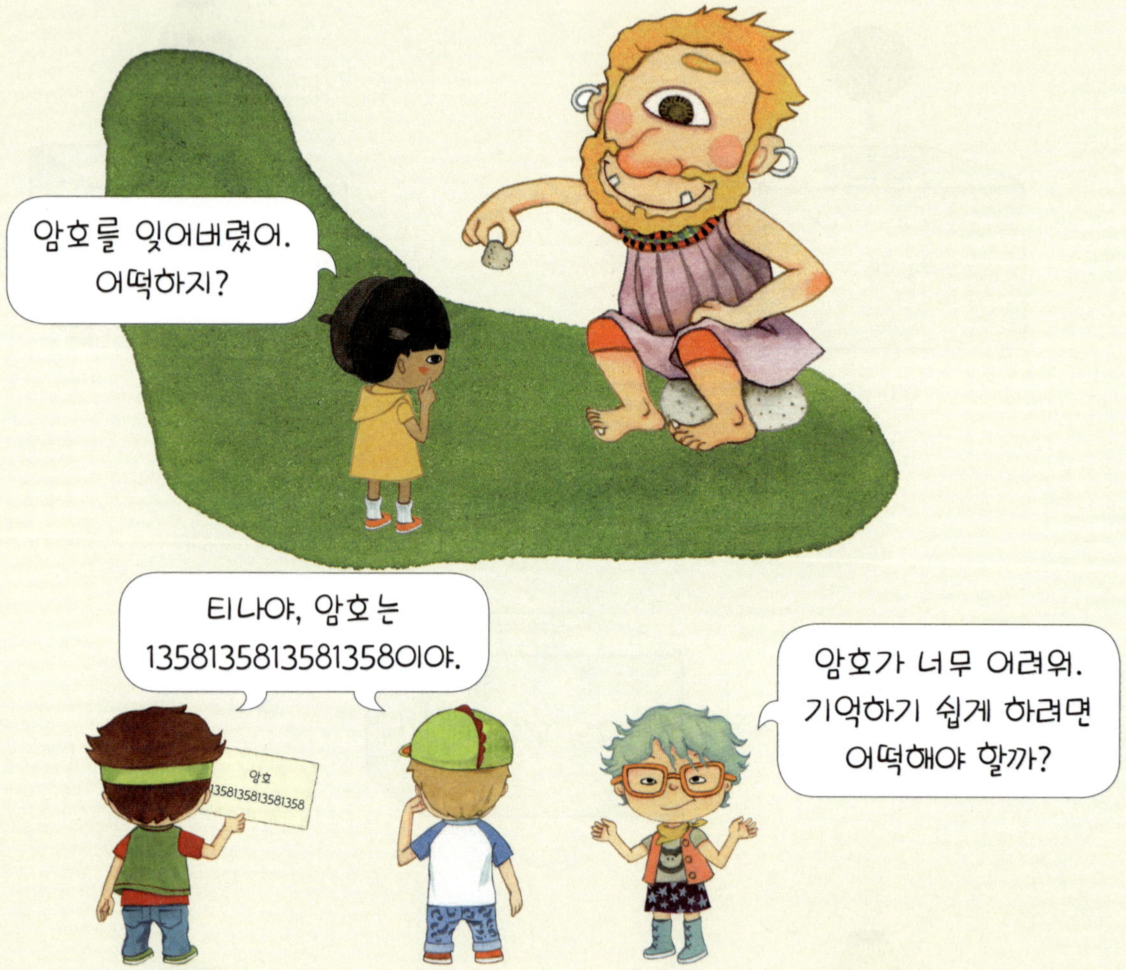

암호를 잊어버렸어. 어떡하지?

티나야, 암호는 1358135813581358이야.

암호가 너무 어려워. 기억하기 쉽게 하려면 어떡해야 할까?

티나가 통과 암호를 잘 기억할 수 있는 방법을 이야기해 보시오.

 암호   1358 1358 1358 1358

잘 보렴. 1358~ 1358~

🌀 대마왕이 갖고 싶어하는 마법 주머니가 금고에 보관되어 있습니다. 대마왕이 금고문을 열 수 없도록 금고의 비밀번호를 정해봅시다. 단, 비밀번호는 잊지 않도록 외우기 쉬워야 하며, 10자리 수입니다.

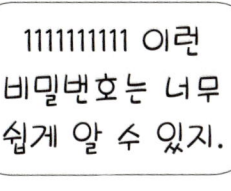

1111111111 이런 비밀번호는 너무 쉽게 알 수 있지.

대마왕

노크 포인트

수가 놓인 규칙을 찾는 방법에는 여러 가지가 있습니다.

① 반복되는 부분을 찾습니다.
    2471 2471 2471 → 2471이 반복됩니다.

② 홀수, 짝수를 찾습니다.
    2, 6(○), 4, 2(○), 6, 8(○), 1, 5(✕), 3, 7(✕) → 짝수는 ○표, 홀수는 ✕표 합니다.

③ 수의 합·차를 구합니다.
    2 6, 3 7, 4 8 → 두 수의 차가 4씩 납니다.

수의 규칙

한입 요괴가 기차에 적힌 수를 보고 기차에 ◯표 또는 ✕표를 하였습니다. 같은 규칙에 따라 ☐ 안에 ◯표 또는 ✕표를 하시오.

규칙을 알면 바로 알 수 있지.

❶ ◯표한 기차에 적힌 수와 ✕표한 기차에 적힌 수의 공통점을 비교한 것 중 옳은 것의 기호를 쓰시오.

	◯표한 기차	✕표한 기차
㉠	모두 짝수입니다.	모두 홀수입니다.
㉡	큰 수가 앞에 있습니다.	큰 수가 뒤에 있습니다.
㉢	작은 수가 앞에 있습니다.	작은 수가 뒤에 있습니다.
㉣	숫자 8이 있습니다.	숫자 8이 없습니다.

❷ 규칙에 맞게 ☐ 안에 ◯표 또는 ✕표를 하시오.

1 꼬마 요괴들이 카드 요정이 사는 집에 ○표 또는 ×표를 하였습니다. 꼬마 요괴들이 표시를 한 규칙을 설명하시오.

히히히. 아무도 모를거야.

잘 생각해 봐!

꼬마 요괴의 규칙은 어렵지 않지? 홀수, 짝수만 알면 다 풀 수 있단다.

 ## 주머니의 규칙

마법의 주머니에 금화를 넣으면 일정한 규칙에 따라 금화의 개수가 달라집니다.
이 마법의 주머니에 금화 6개를 넣으면 모두 몇 개의 금화를 꺼낼 수 있습니까?

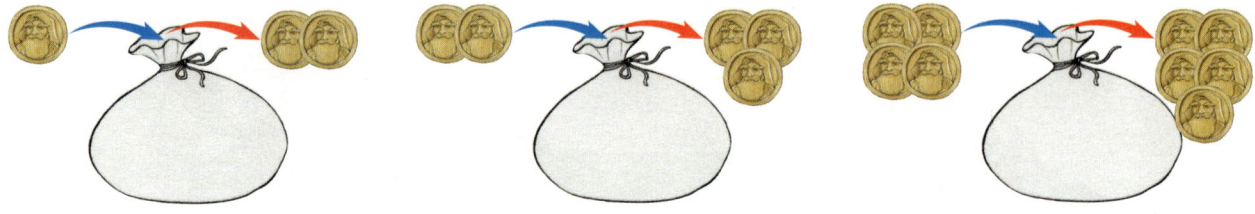

❶ 주머니에 들어가고 나온 금화의 수를 ◯ 안에 써넣으시오.

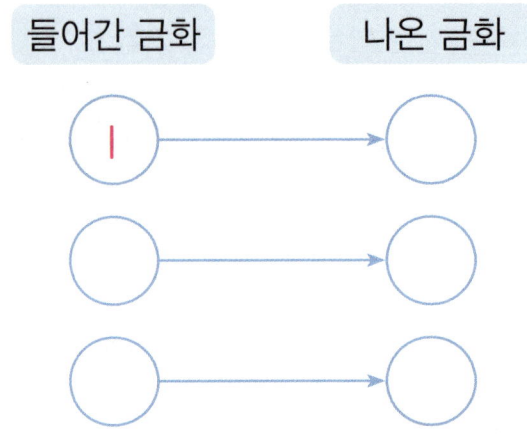

들어간 금화	나온 금화
1	

❷ ❶의 수를 보고 금화의 수가 변하는 규칙을 쓰시오.

❸ 금화 6개를 넣으면 모두 몇 개의 금화가 되는지 쓰시오.

이 주머니를 가지려고 금고 번호를 알려고 했던거지.

절대 금고를 열 수 없을거다.

[카드의 규칙]

1 일정한 규칙에 따라 다음과 같이 2장의 숫자 카드를 놓았습니다. 2장의 숫자 카드 사이의 규칙은 무엇입니까?

두 수의 합과 차를 구해 보면 알 수 있겠네.

[오렌지 주스]

2 오렌지를 넣으면 오렌지 주스를 만들어 주는 마법 주머니가 있습니다. 이 주머니에 오렌지 몇 개를 넣으면 오렌지 주스 1병을 꺼낼 수 있습니까?

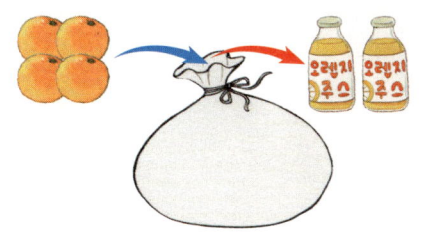

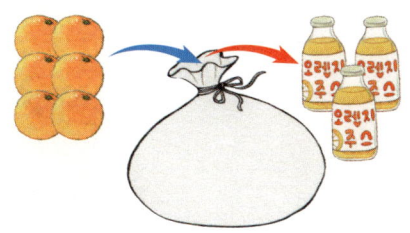

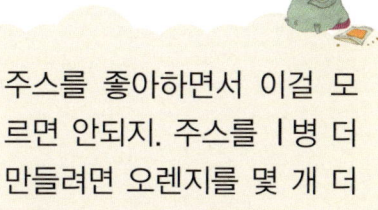

이것도 몰라!

주스를 좋아하면서 이걸 모르면 안되지. 주스를 1병 더 만들려면 오렌지를 몇 개 더 넣어야 하는지 봐봐.

 **창의적 문제해결력**

1 일정한 규칙에 따라 꼬마 요괴들이 차례로 수를 말합니다. 규칙에 따라 마지막에 서 있는 장난 요괴가 이야기하는 수는 무엇입니까?

시작한다.
13579

35791

57913

79135

91357

음…….

장난 요괴

2 다음 규칙 에 따라 마법 상자에 낱말 카드를 넣으면 새로운 낱말이 적힌 카드가 나옵니다. 빈 카드에 알맞은 단어 3개를 써보시오.

규칙

멍멍: 앞 글자가 같은 낱말이 나옵니다.
냐옹: 끝 글자가 같은 낱말이 나옵니다.

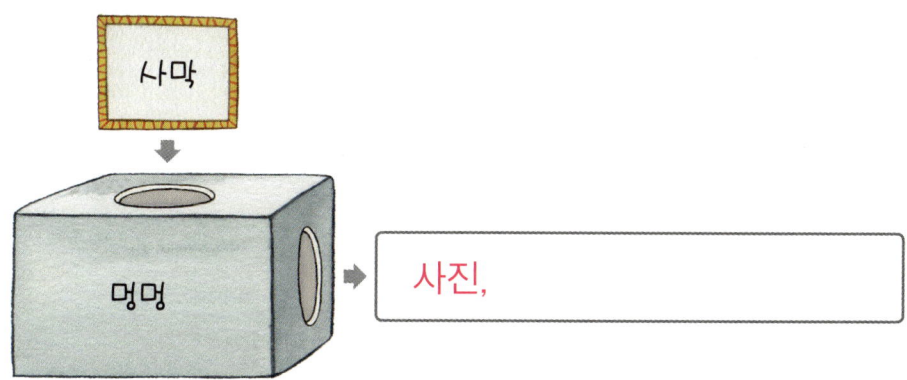

사막

멍멍

→ 사진,

지렁이

냐옹

아는 낱말들을 생각해 봐야겠어.

Chapter

3

규칙 2

7 바둑돌 규칙

큐리와 친구들이 일정한 규칙에 따라 차례로 바둑돌을 놓아 다음과 같은 모양을 만들고 있습니다.

> 내가 검은색 바둑돌 1개를 먼저 놓았지.

큐리

> 난 흰색 바둑돌 2개!

현우

> 난 검은색 바둑돌 3개!

티나

> 난 네 번째!

태돌

태돌이는 무슨 색 바둑돌 몇 개를 놓았습니까?

☐ 색 바둑돌 ☐ 개

딴짓 요괴가 태돌이 다음으로 규칙에 맞게 바둑돌을 놓으려고 합니다. 빈 곳에 딴짓 요괴가 놓는 바둑돌을 그려 보시오.

딴짓 요괴

🎯 일정한 규칙에 따라 다음과 같이 바둑돌을 놓을 때 ☐ 안에 알맞은 모양을 그려 보시오.

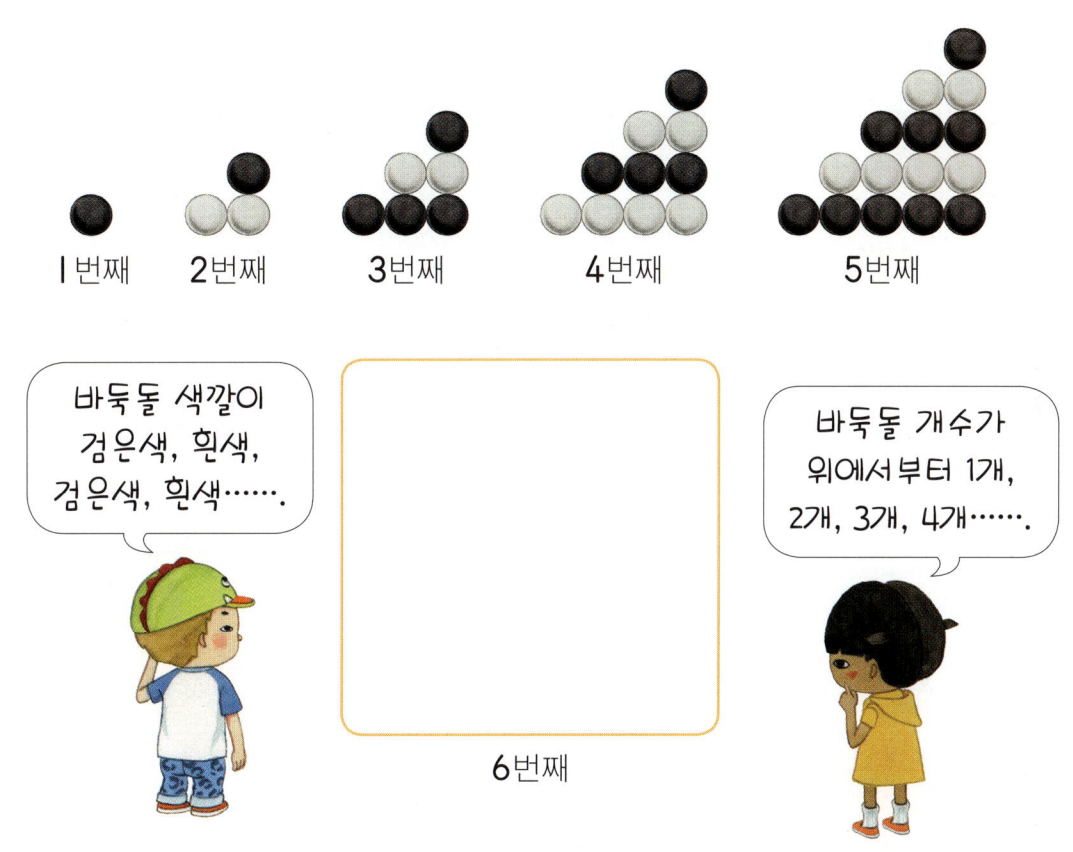

바둑돌 색깔이 검은색, 흰색, 검은색, 흰색…….

6번째

바둑돌 개수가 위에서부터 1개, 2개, 3개, 4개…….

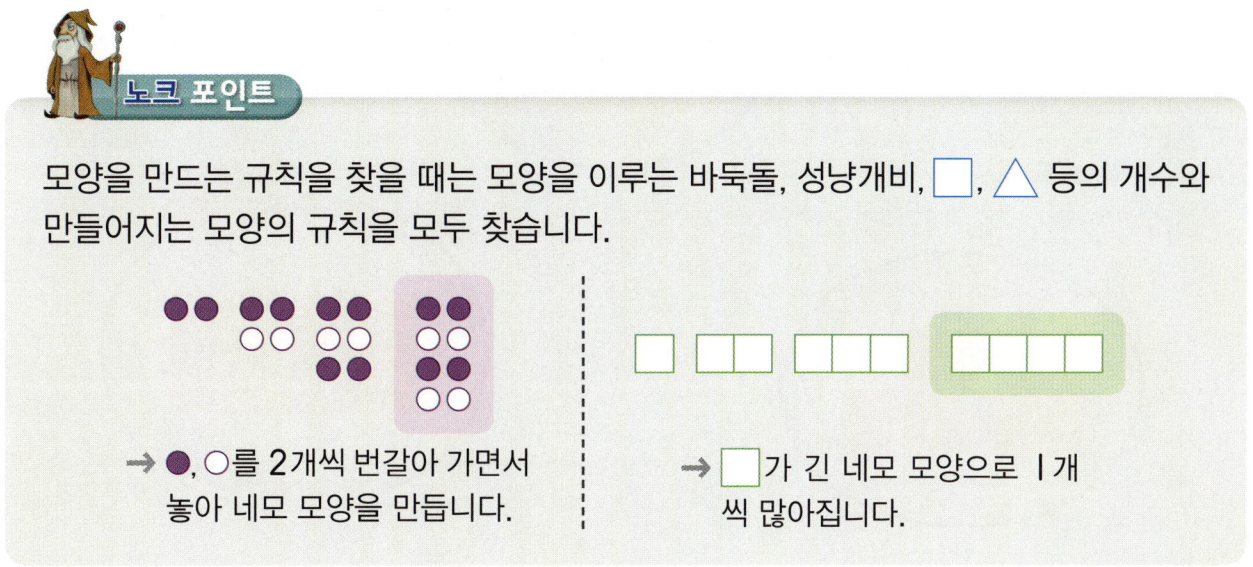

노크 포인트

모양을 만드는 규칙을 찾을 때는 모양을 이루는 바둑돌, 성냥개비, ☐, △ 등의 개수와 만들어지는 모양의 규칙을 모두 찾습니다.

→ ●, ○를 2개씩 번갈아 가면서 놓아 네모 모양을 만듭니다.

→ ☐가 긴 네모 모양으로 1개 씩 많아집니다.

네모 규칙

일정한 규칙으로 네모를 사용하여 모양을 만듭니다. 만든 순서에 따라 선을 이어 보시오.

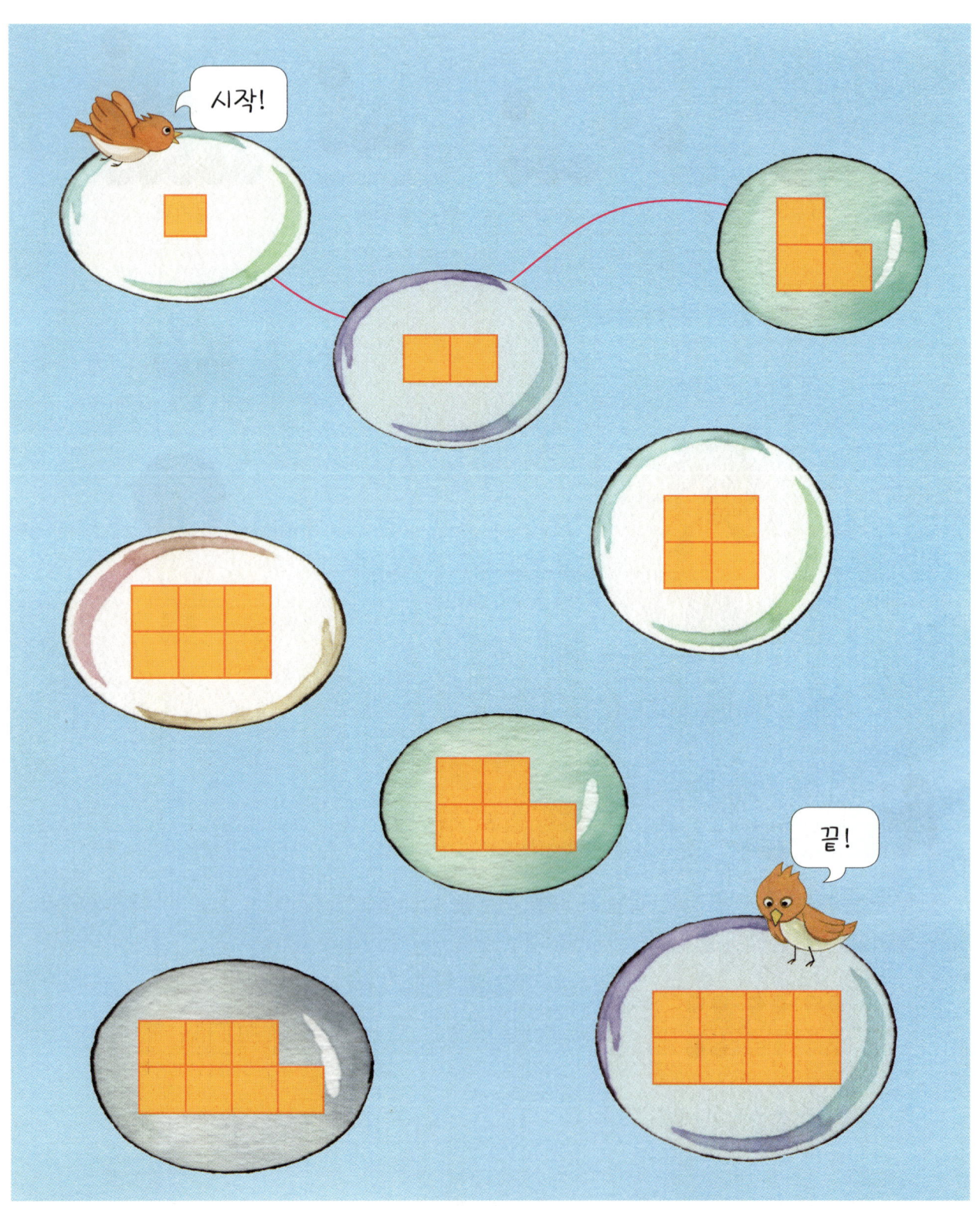

[네모 규칙]

1 ■를 사용하여 다음과 같은 모양을 만들었습니다. 6번째 나오는 모양에 맞게 선을 따라 그리시오.

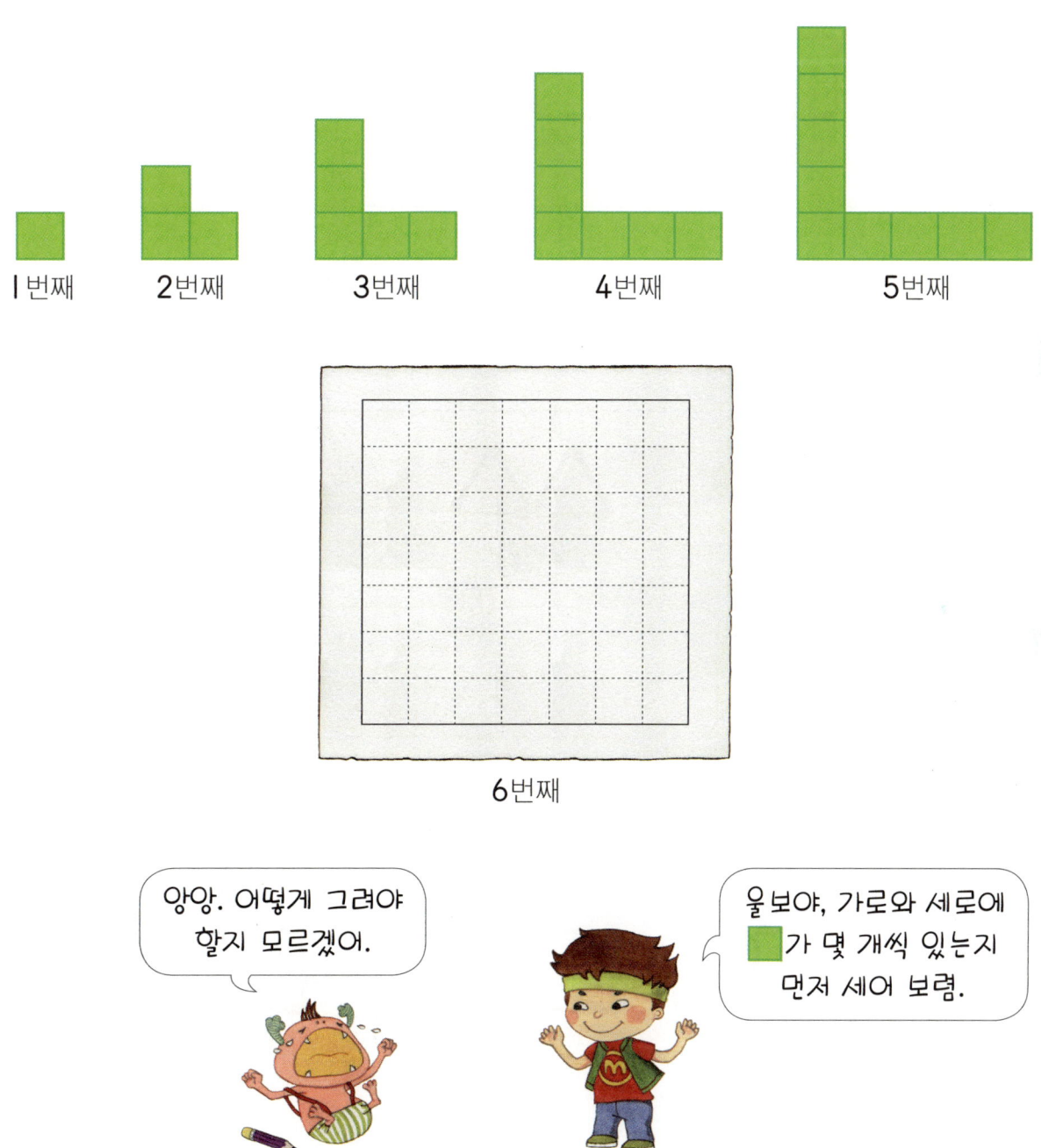

|번째   2번째   3번째   4번째   5번째

6번째

앙앙. 어떻게 그려야 할지 모르겠어.

울보야, 가로와 세로에 ■ 가 몇 개씩 있는지 먼저 세어 보렴.

 ## 성냥개비 모양

성냥개비를 일정한 모양으로 늘어놓고 있습니다. 빈 곳에 4번째에 올 모양을 그려 보시오.

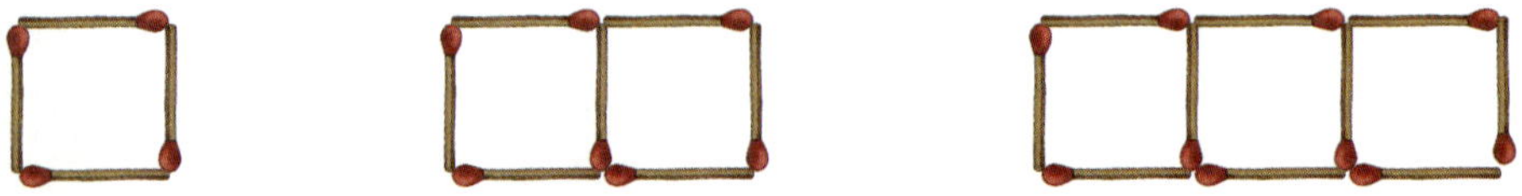

| 번째   2번째   3번째

4번째

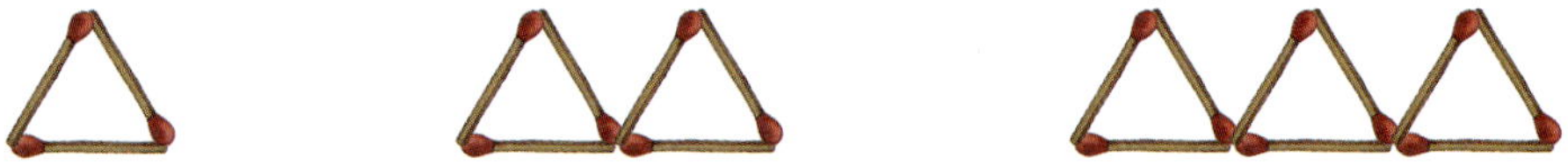

| 번째   2번째   3번째

4번째

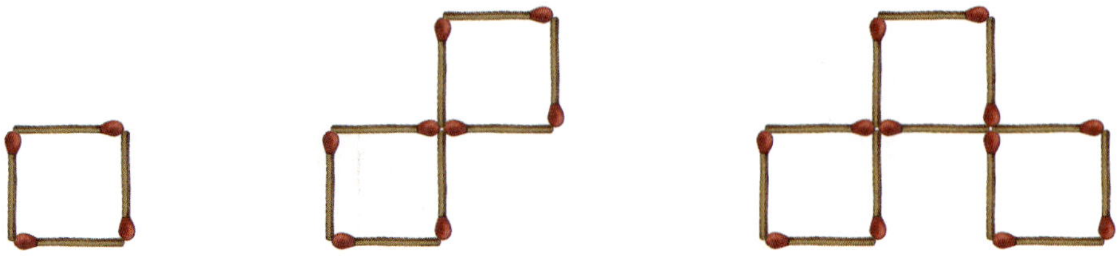

| 번째   2번째   3번째

4번째

1 성냥개비를 사용하여 다음과 같은 모양을 만듭니다. 현우, 큐리, 티나 중 5번째 모양을 만드는 데 필요한 수만큼의 성냥개비를 가지고 있는 사람을 쓰시오.

나는 성냥개비를 9개 가지고 있어.

성냥개비가 11개 있어.

난 15개 가지고 있어.

현우   큐리   티나

❶ 성냥개비로 만든 5번째 모양을 그려 보시오.

5번째

❷ ❶에서 그린 모양을 만드는 데 필요한 성냥개비의 수를 구하시오.

❸ 필요한 성냥개비의 수만큼을 가진 사람을 쓰시오.

큐리네 동네 마트에서 행사를 합니다. 돌림판을 돌려 나온 번호와 같은 번호의 당첨 딱지를 가지고 있으면 선물을 받을 수 있습니다.

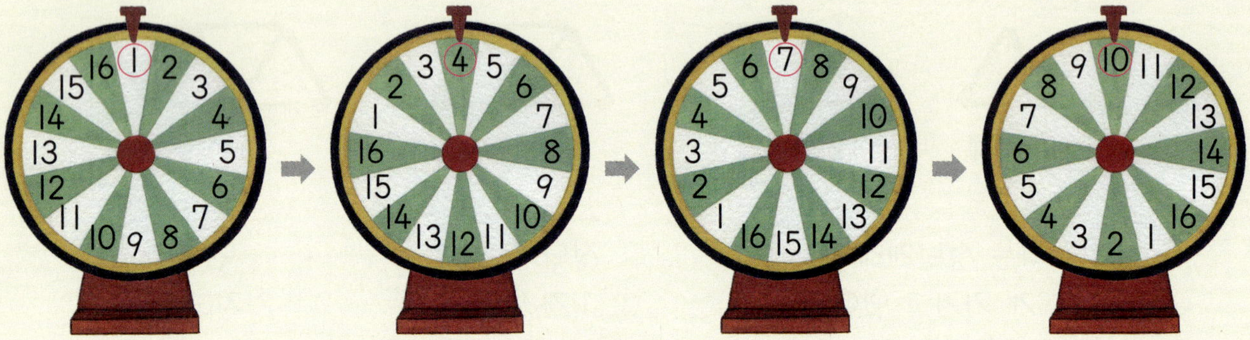

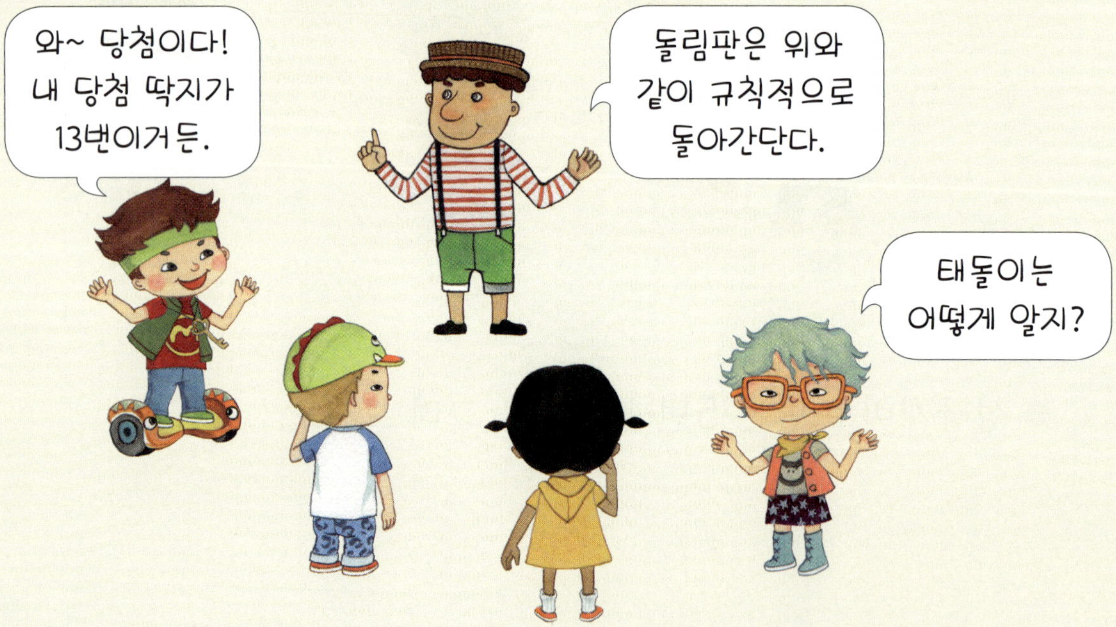

와~ 당첨이다! 내 당첨 딱지가 13번이거든.

돌림판은 위와 같이 규칙적으로 돌아간단다.

태돌이는 어떻게 알지?

태돌이는 13번이 당첨 딱지라는 것을 어떻게 알 수 있었을까요?

돌림판을 돌리는 규칙에 따라 마지막 돌림판에서 화살표가 가리키는 수를 쓰시오.

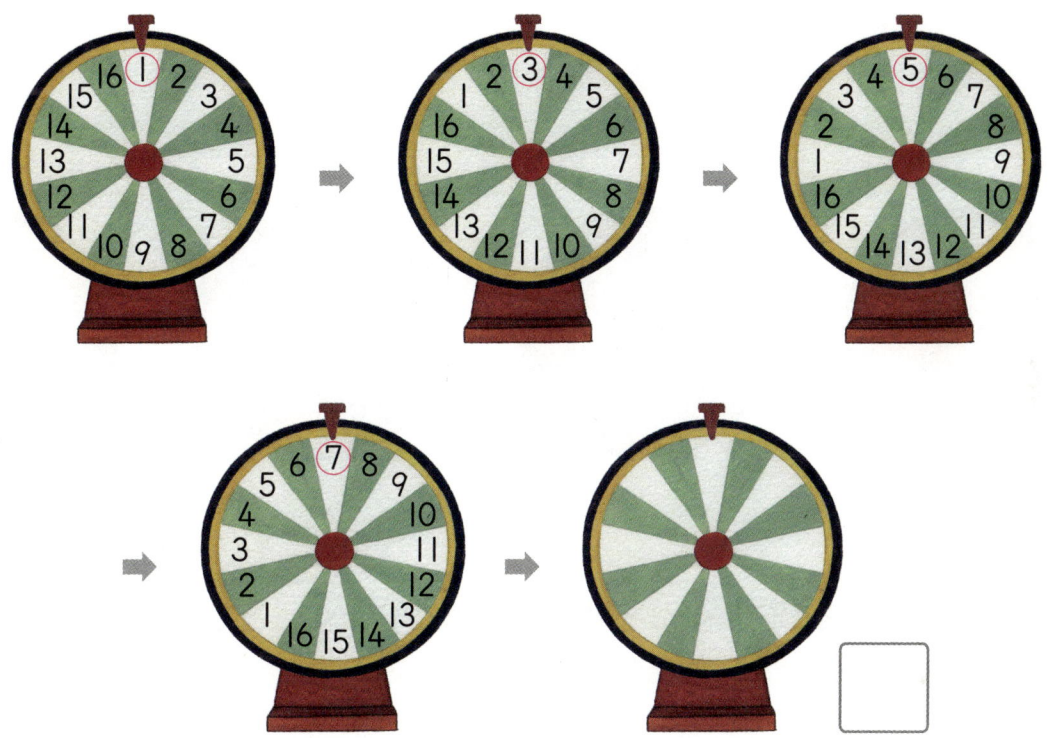

 노크 포인트

회전하는 규칙을 찾을 때에는 회전하는 방향과 건너뛰는 칸의 수를 모두 생각합니다.

→ 오른쪽으로 2칸씩 회전합니다.

→ 왼쪽으로 1칸씩 회전합니다.

이번엔 어디?

태돌이와 티나가 규칙에 따라 회전판 위에 바둑돌을 놓으려고 합니다. 친구들을 도와 알맞은 칸에 바둑돌 스티커를 붙이시오.

준비물 바둑돌 스티커

규칙 바둑돌이 1칸씩 오른쪽으로 이동합니다.

규칙 바둑돌이 2칸씩 왼쪽으로 이동합니다.

왼쪽! 실수하지 말아야지.

규칙 바둑돌이 3칸씩 오른쪽으로 이동합니다.

하나, 둘, 셋. 칸을 세어야지.

1 벌집에 있는 각 벌들이 일정한 규칙에 따라 벌집에서 나옵니다. 규칙을 찾아 다음 5번 벌과 6번 벌이 나오는 칸에 각각 ⑤, ⑥을 써넣으시오.

[시계]

2 여러 시각을 가리키는 시계를 규칙에 맞게 놓았습니다. 마지막 시계는 몇 시를 가리킵니까?

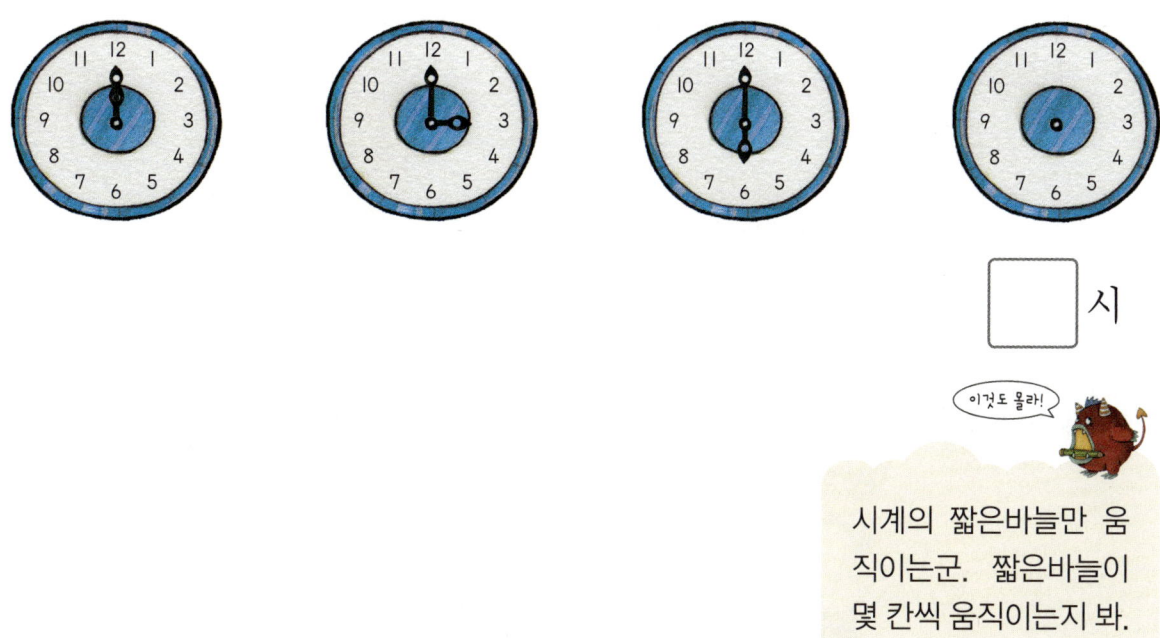

☐ 시

이것도 몰라!

시계의 짧은바늘만 움직이는군. 짧은바늘이 몇 칸씩 움직이는지 봐.

 회전 패턴

각 패턴의 규칙을 찾아 마지막 모양에 알맞은 기호를 써넣으시오.

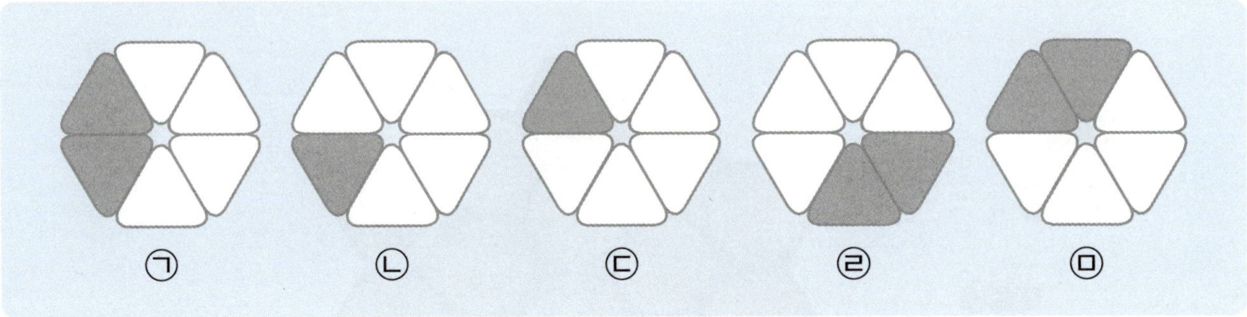

| ㉠ | ㉡ | ㉢ | ㉣ | ㉤ |

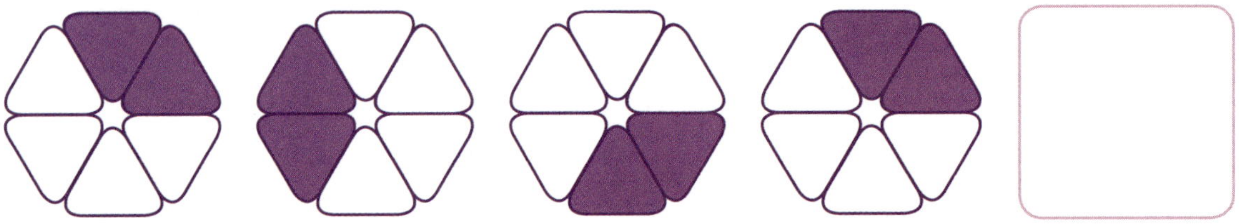

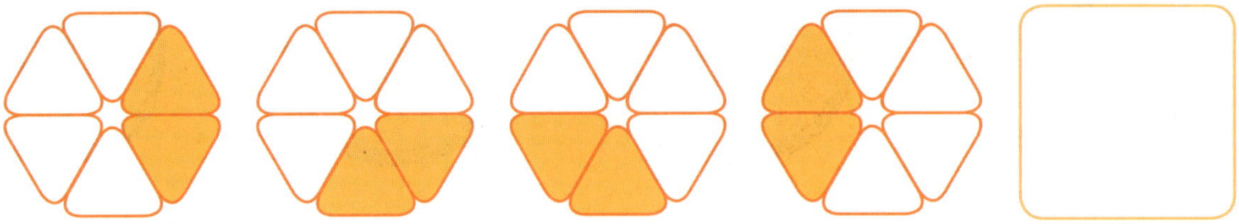

어떻게 해야 하죠?

어느 방향으로 몇 칸씩 움직이는지 알아보렴.

1 규칙을 찾아 마지막 모양을 알맞게 색칠하시오.

[색칠 패턴]

2 규칙을 찾아 마지막 모양을 알맞게 색칠하시오.

개수의 규칙

가을에 찬바람이 불기 시작하면 나뭇잎들이 떨어지기 시작합니다. 나뭇잎 수의 변화를 규칙을 찾아 설명하시오.

사탕의 수가 일정하게 많아지도록 사탕이 나오는 기계가 있습니다. 규칙에 따라 마지막에 나오는 사탕의 수를 ☐ 안에 써넣으시오.

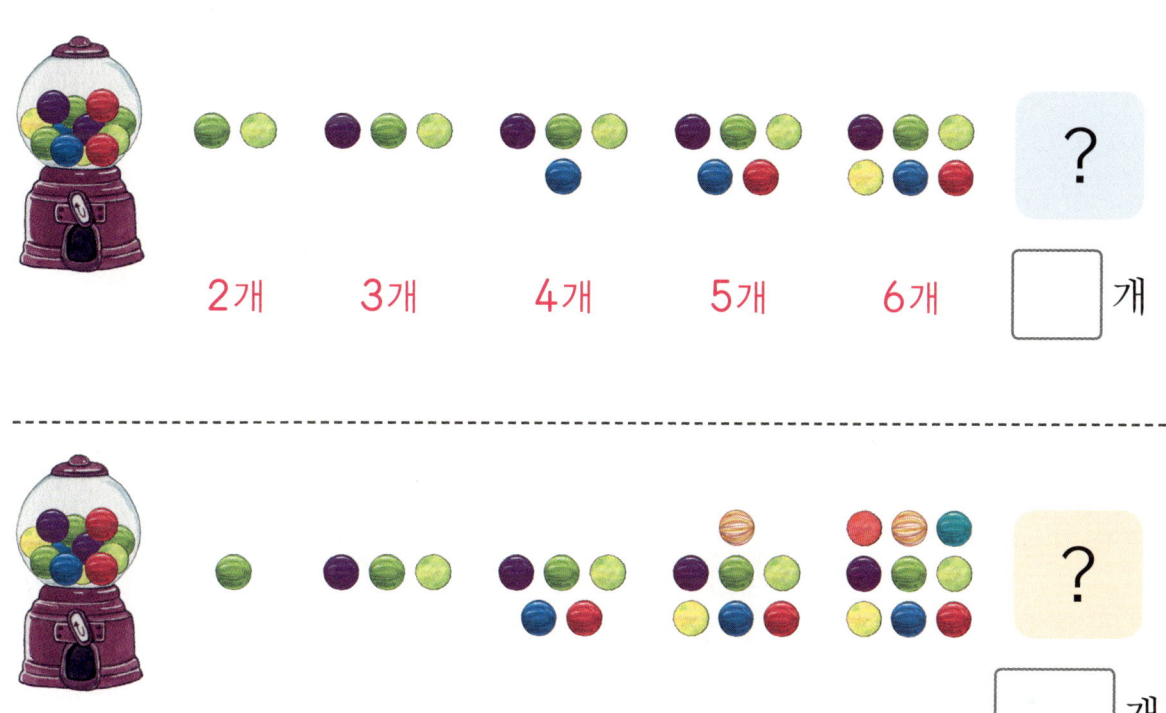

2개   3개   4개   5개   6개   ☐ 개

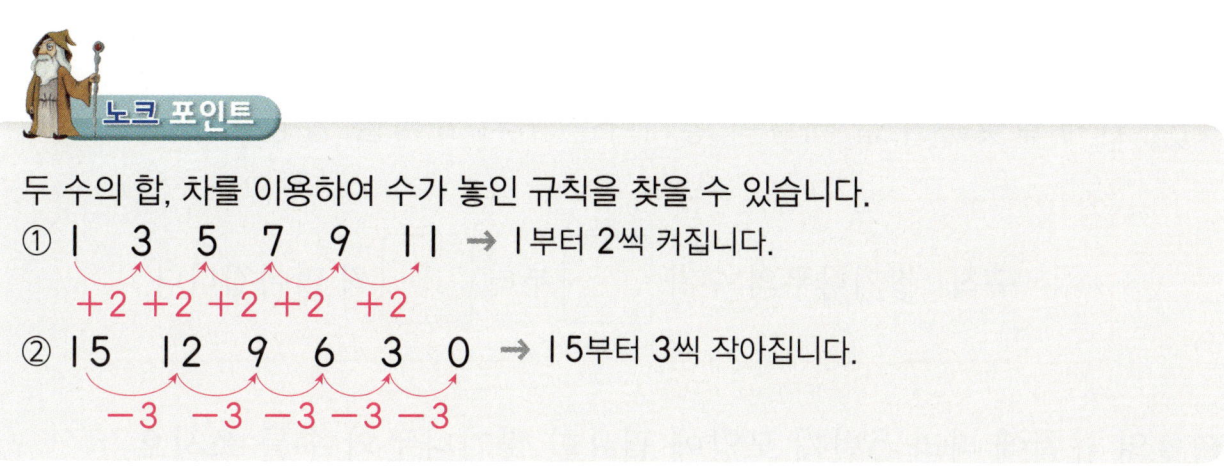

☐ 개

노크 포인트

두 수의 합, 차를 이용하여 수가 놓인 규칙을 찾을 수 있습니다.

① I 3 5 7 9 II → I부터 2씩 커집니다.
  +2 +2 +2 +2 +2

② I5 I2 9 6 3 0 → I5부터 3씩 작아집니다.
  -3 -3 -3 -3 -3

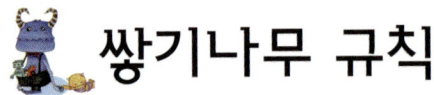

쌓기나무 규칙

울보 요괴가 일정한 규칙에 따라 쌓기나무를 쌓고 있습니다. 같은 규칙으로 5번째 모양을 만들려면 모두 몇 개의 쌓기나무가 필요합니까?

| 번째   2번째   3번째   4번째

❶ ☐ 안에 각 모양을 만드는 데 사용한 쌓기나무의 수를 써넣으시오.

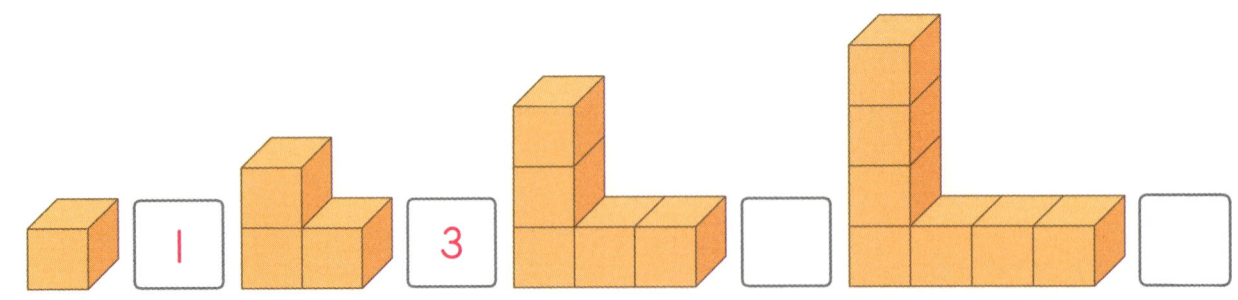

❷ ☐ 안에 알맞은 수를 써넣어 쌓기나무 수의 규칙을 설명하시오.

> **규칙** 쌓기나무의 수가 ☐ 부터 ☐ 씩 많아집니다.

❸ ❷의 규칙에 따라 5번째 모양에 필요한 쌓기나무의 수를 쓰시오.

1 쌓기나무를 일정한 규칙에 따라 쌓았습니다. 빈 곳에 필요한 쌓기나무의 수를 쓰시오.

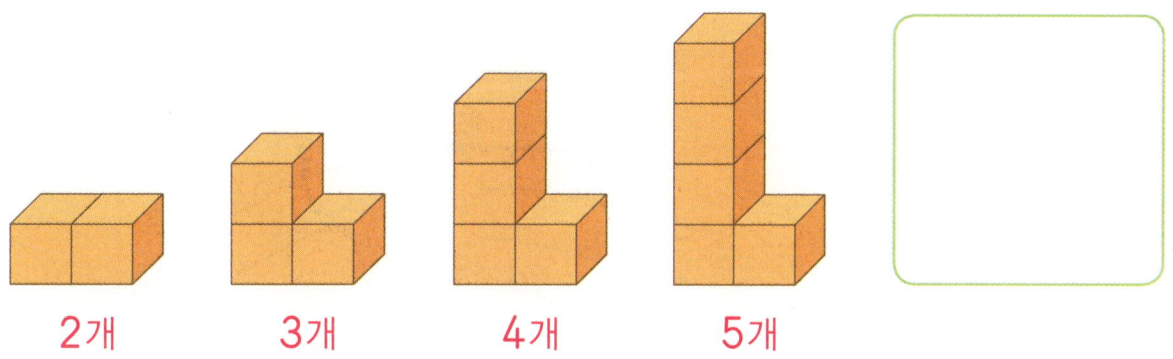

2 일정한 규칙에 따라 쌓기나무로 모양을 만들고 있습니다. 같은 규칙으로 빈 곳에 쌓기나무를 쌓으려고 할 때, 필요한 쌓기나무의 수를 구하시오.

이것도 몰라!

각 세로줄에 놓인 쌓기나무의 수를 구해 보면 쉬울텐데 말이야.

수들의 규칙

이상한 나라의 시계 토끼가 미로의 가장 빠른 길을 따라 여왕님에게 갑니다. 토끼가 미로를 통과하는 길에 만나는 수를 모두 적고, 수들의 규칙을 설명하시오.

지나는 수

규칙 수가 [ ] 부터 시작하여 [ ] 씩 커집니다.

1 규칙을 찾아 ☐ 안에 알맞은 수를 써넣으시오.

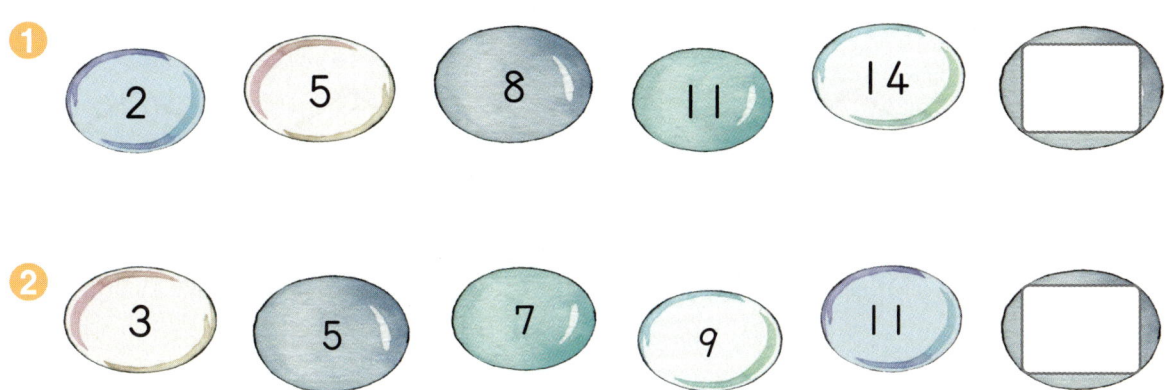

❶ 2 5 8 11 14 ☐

❷ 3 5 7 9 11 ☐

[수열의 규칙]

2 주어진 규칙에 맞게 빈 곳에 알맞은 수를 써넣으시오.

규칙 20부터 3씩 작아집니다.

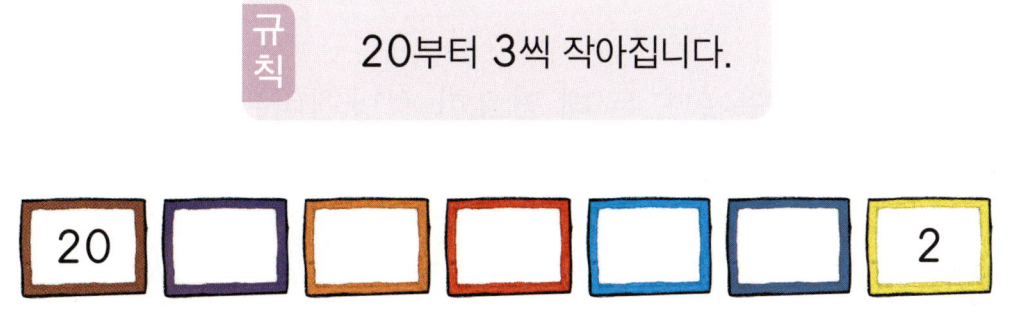

20 ☐ ☐ ☐ ☐ ☐ 2

잘 생각해 봐!

처음 수는 20, 2번째 수는 3 작은 수이므로 20−3=17. 이제 할 수 있겠지?

 # 창의적 문제해결력

1 성냥개비를 사용하여 일정한 모양을 만들고 있습니다. 4번째 모양을 만드는 데 필요한 성냥개비의 수를 구하시오.

| 1번째 | 2번째 | 3번째 |

❶ 각 모양을 만드는 데 사용한 성냥개비의 수를 각각 쓰시오.

| 1번째 | 2번째 | 3번째 |

❷ 사용한 성냥개비의 수는 몇씩 커집니까?

❸ 4번째 모양을 만드는 데 필요한 성냥개비는 몇 개인지 다음 식을 완성하여 구하시오.

$$\boxed{} + \boxed{} = \boxed{} \text{(개)}$$

3번째 모양에 성냥개비 몇 개를 더 사용하면 4번째 모양을 만들 수 있어.

2 큐리가 두더지 잡기 게임을 합니다. 두더지가 다음과 같이 일정한 규칙에 따라 구멍에서 나온다고 할 때, 5번째 두더지가 나오는 구멍의 기호를 쓰시오.

|번째

2번째

3번째

4번째

5번째

두더지가 빙글빙글 돌면서 나오고 있어.

Chapter 4

유비추론

10 어울리지 않는 것

그림 속에서 어울리지 않는 것을 모두 찾아 ○표 하시오.

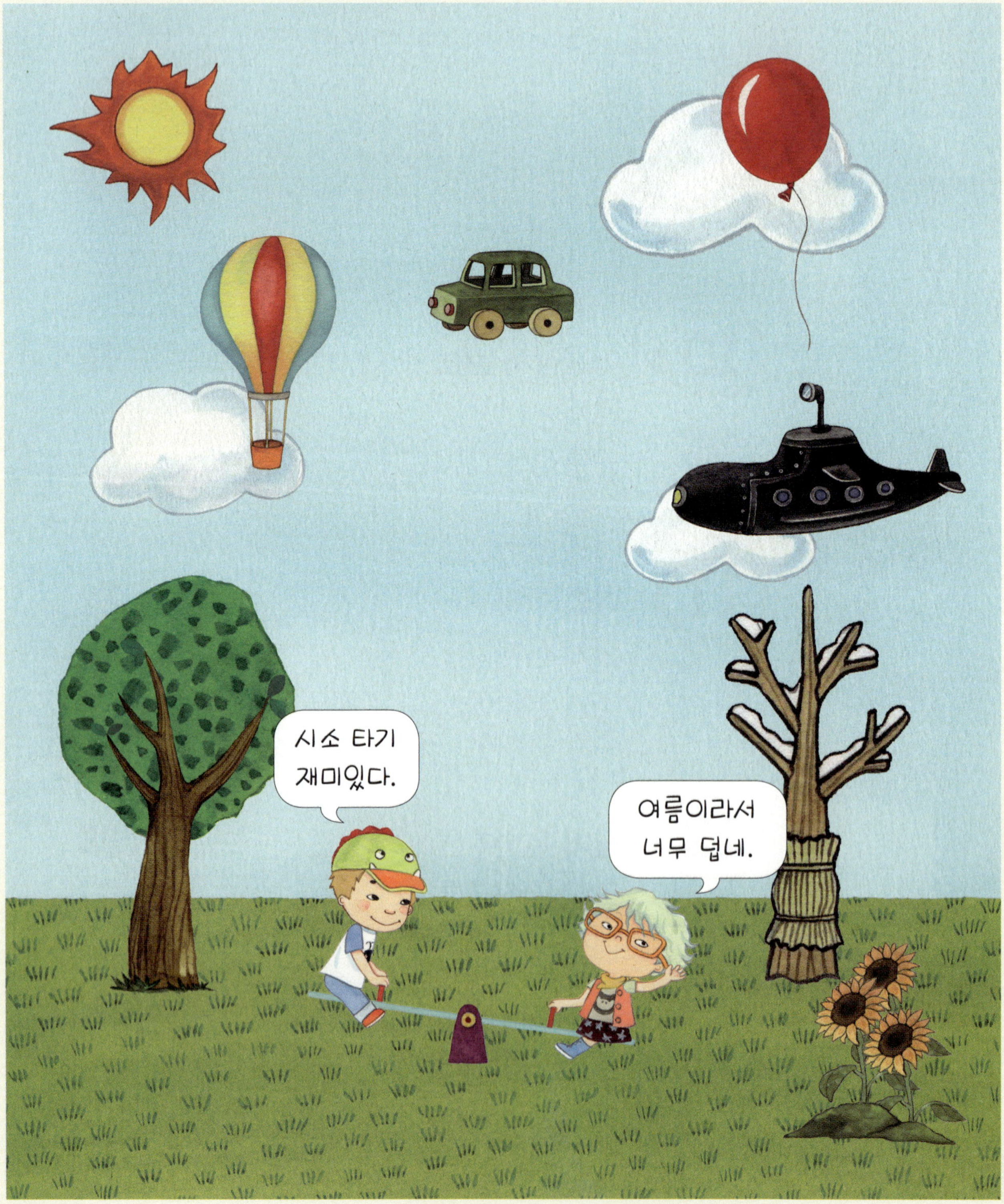

보기와 같이 주어진 그림과 어울리는 단어를 5개씩 써보시오.

보기

더위, 여름, 아이스크림, 피서, 에어컨

_____

_____

_____

_____

그림을 보고 생각나는 것들을 이야기 해보렴.

노크 포인트

주어진 카드의 공통점을 찾을 수 있습니다.

    : 여름      : 겨울

 **관계**

꼬마 요괴들이 관계 만들기 카드 놀이를 합니다. 다른 카드와 관계없는 카드를 낸
꼬마 요괴가 집니다. 이 놀이에서 진 꼬마 요괴는 누구입니까?

① 꼬마 요괴들이 낸 다음 **4**장의 카드 중 관계없는 카드 **1**장에 ✕표 하시오.

② ①에서 ✕표 하지 않은 카드 **3**장의 공통점을 쓰시오.

③ 위 게임에서 진 꼬마 요괴의 이름을 쓰시오.

1 꼬마 요괴들이 낸 다음 카드 중 관계없는 카드 1장에 ✕표 하시오.

[관계없는 단어]

2 다음 중 관계없는 단어가 적힌 종이를 가지고 있는 아이는 누구입니까?

이것도 몰라!

책상, 칠판, 지우개는
어디서 볼 수 있니?

공통점

카드 요정의 카드에 적힌 단어의 공통점을 바르게 이야기한 요괴는 누구입니까?

❶ 꼬마 요괴들이 이야기한 것과 카드 요정의 단어에 공통점이 있으면 ◯표, 없으면 ✕표 하여 표를 완성하시오.

	냉장고	세탁기	에어컨	전기밥솥
빨래	✕	◯	✕	✕
전자제품				
주방				
여름				

❷ 공통점을 바르게 이야기한 요괴의 이름을 쓰시오.

[공통점]

1 주어진 그림 카드의 공통점을 찾아 알맞게 선으로 이으시오.

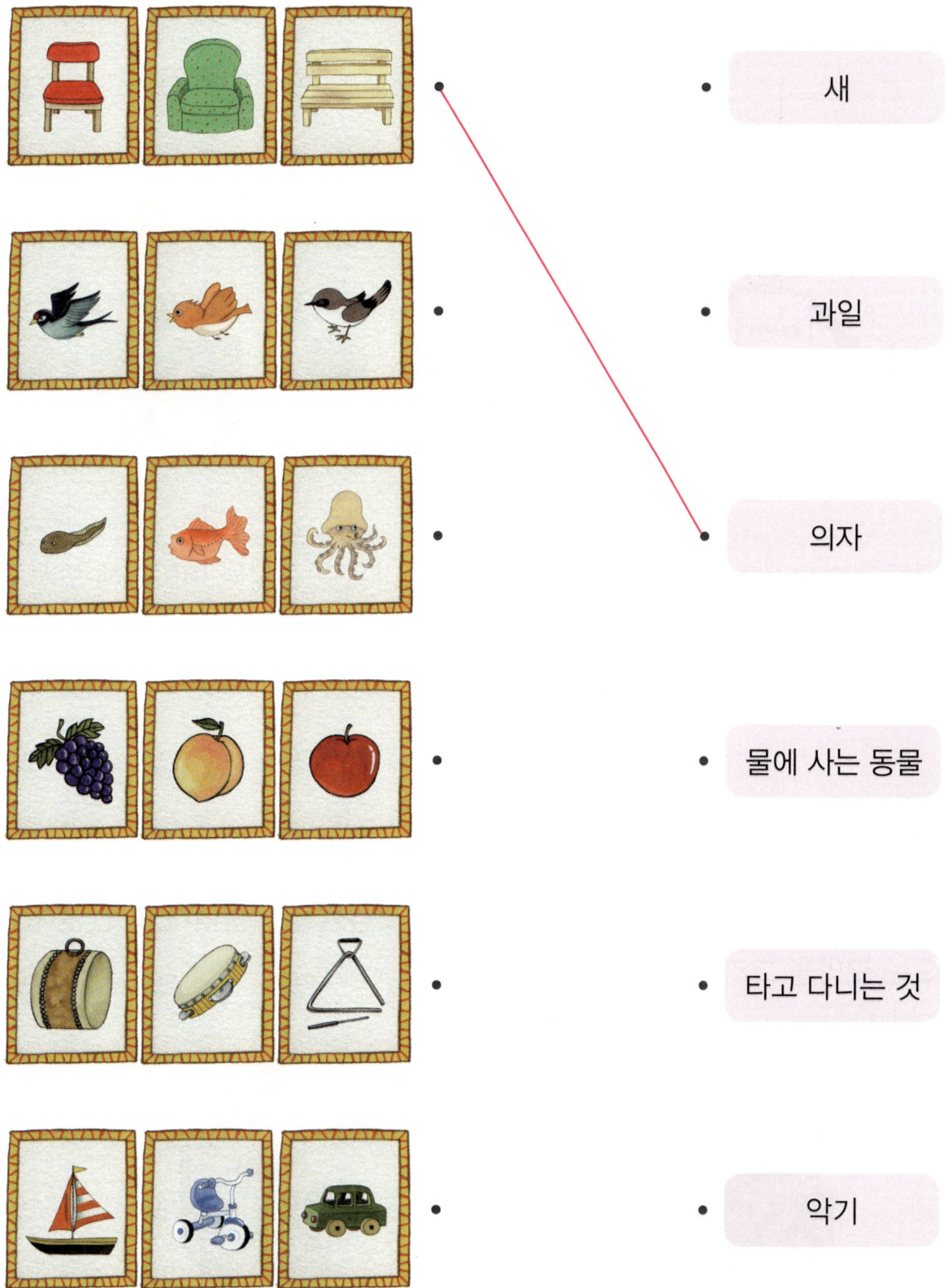

새

과일

의자

물에 사는 동물

타고 다니는 것

악기

마법 상자

유클리드 요정이 가지고 있는 마법 상자에 모양을 넣으면 다음과 같이 일정한 규칙에 따라 바뀌어 나옵니다.

유클리드 요정의 마법 상자에 넣은 모양이 바뀌는 규칙을 이야기해 보시오.

유클리드 요정의 마법 상자에 다음과 같은 모양을 넣었습니다. 마법 상자에서 나오는 모양을 그리고 색칠하시오.

다음 마법 상자의 규칙을 쓰시오.

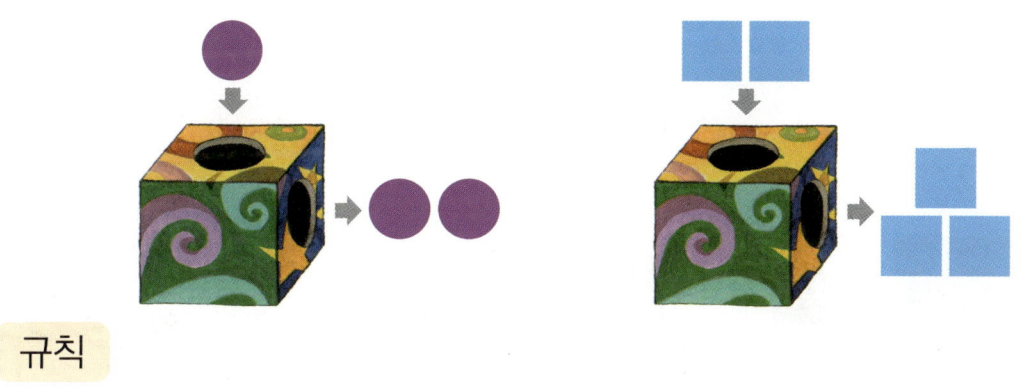

규칙

규칙

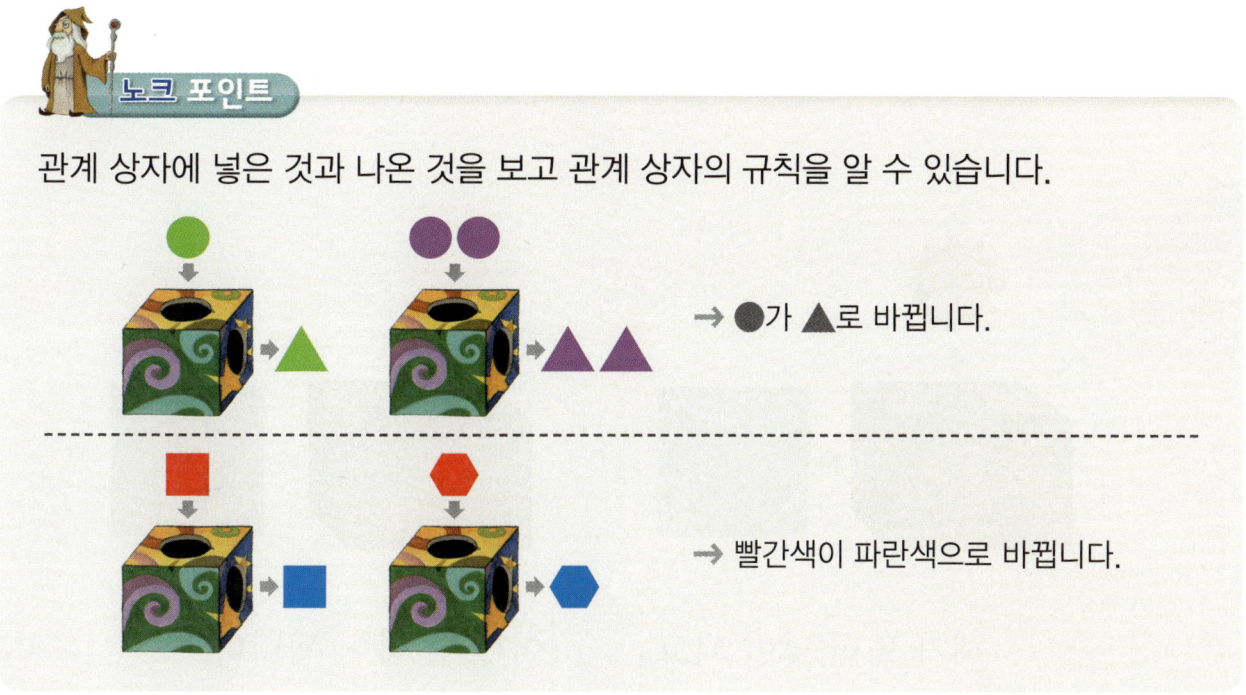

노크 포인트

관계 상자에 넣은 것과 나온 것을 보고 관계 상자의 규칙을 알 수 있습니다.

→ ●가 ▲로 바뀝니다.

→ 빨간색이 파란색으로 바뀝니다.

 **관계 상자**

보기 와 같이 관계 상자를 통과하면 같은 관계에 있는 것이 나옵니다. 그림을 보고 ☐ 안에 알맞은 단어를 써넣으시오.

보기

개는 개집에서 살고, 말은 마구간에서 삽니다.

개와 개집의 관계와 말과 마구간의 관계가 같단다.

①

손에는 장갑을 끼고, 발에는 ☐ 을 신습니다.

②

해가 뜨면 낮이 되고 ☐ 이 뜨면 밤이 됩니다.

1 다음과 같은 관계 상자에 를 넣었을 때 나오는 것을 선으로 이으시오.

[잘못된 관계]

2 같은 관계 상자를 통과한 것을 다음과 같이 나타내었습니다. 다음 중 관계가
같지 않은 것의 기호를 쓰시오.

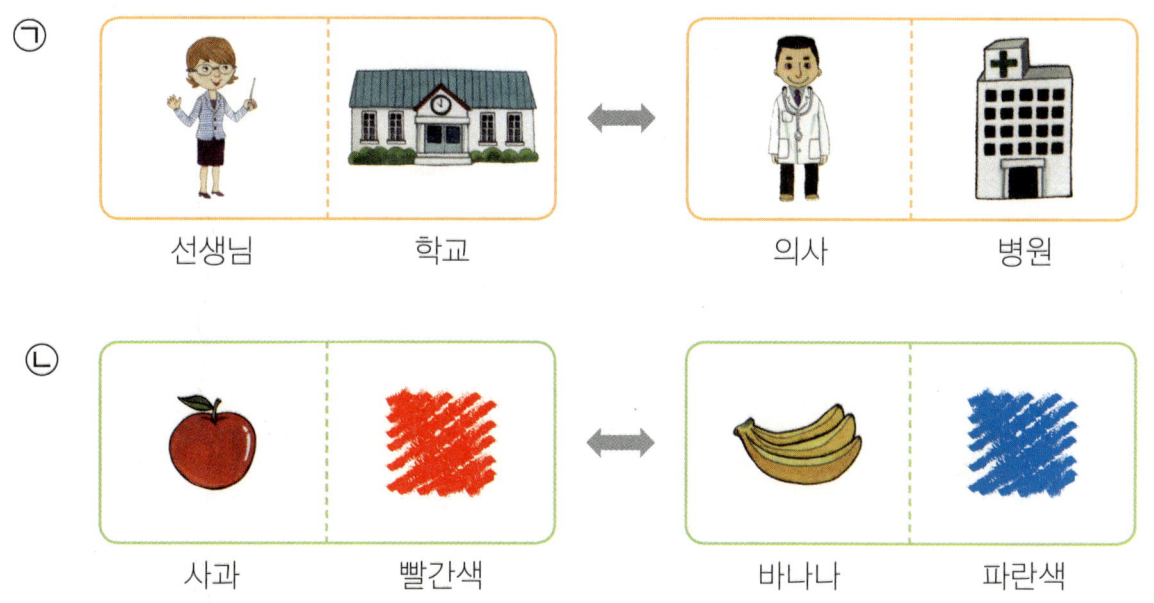

ㄱ 선생님 · 학교 ⟺ 의사 · 병원

ㄴ 사과 · 빨간색 ⟺ 바나나 · 파란색

마법 상자에서 나온 것

다음과 같은 규칙을 가지는 각기 다른 3개의 마법 상자가 있습니다.

ㄱ   ㄴ   ㄷ

마법 상자에 들어간 모양을 왼쪽, 나온 모양을 오른쪽에 나타내었을 때, 3개의 마법 상자 중 어느 마법 상자에 넣어서 나온 모양인지 ☐ 안에 기호를 쓰시오.

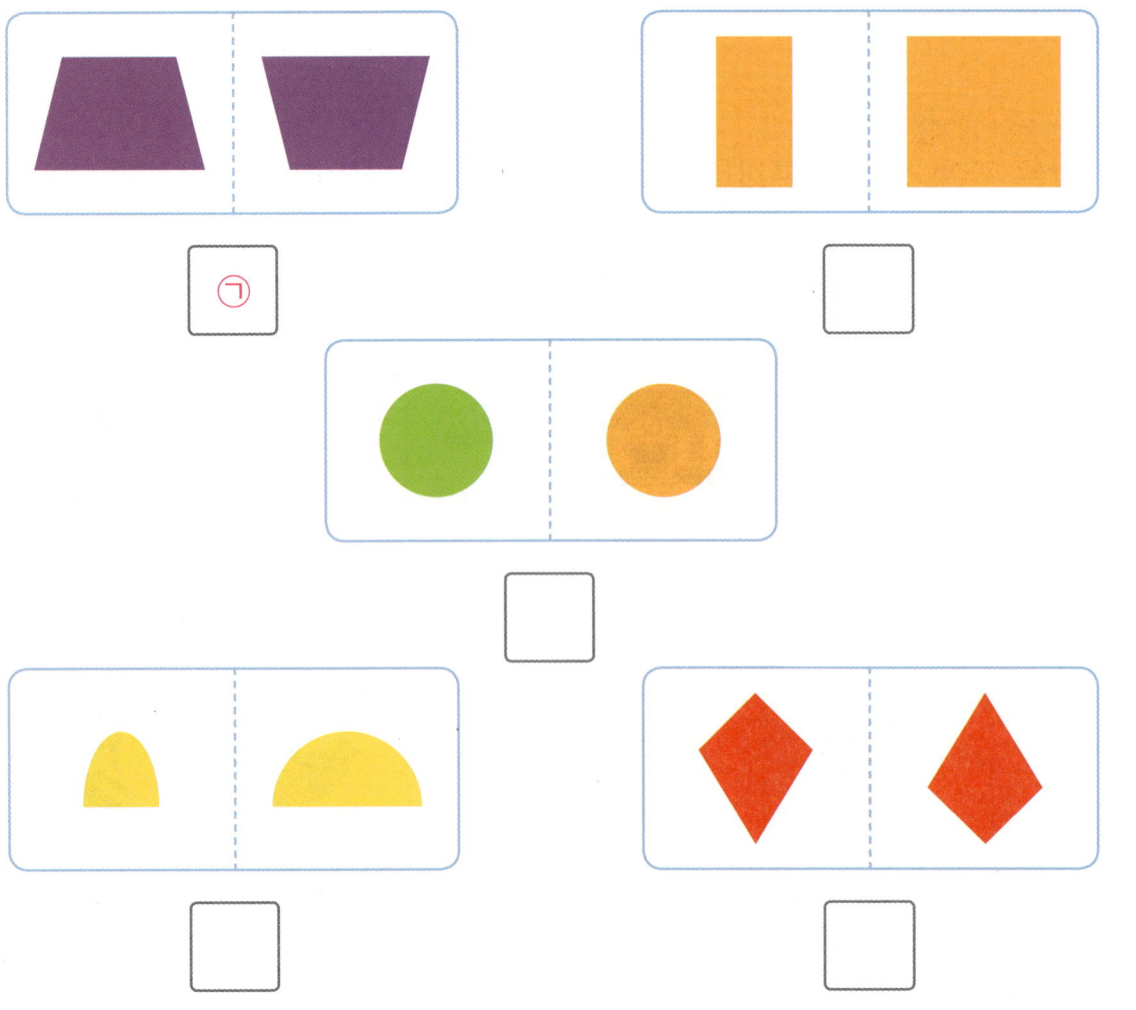

[들어간 모양, 나온 모양]

1 아래의 마법 상자에 왼쪽 모양을 넣었을 때 나온 모양을 오른쪽에서 찾아
선으로 이으시오.

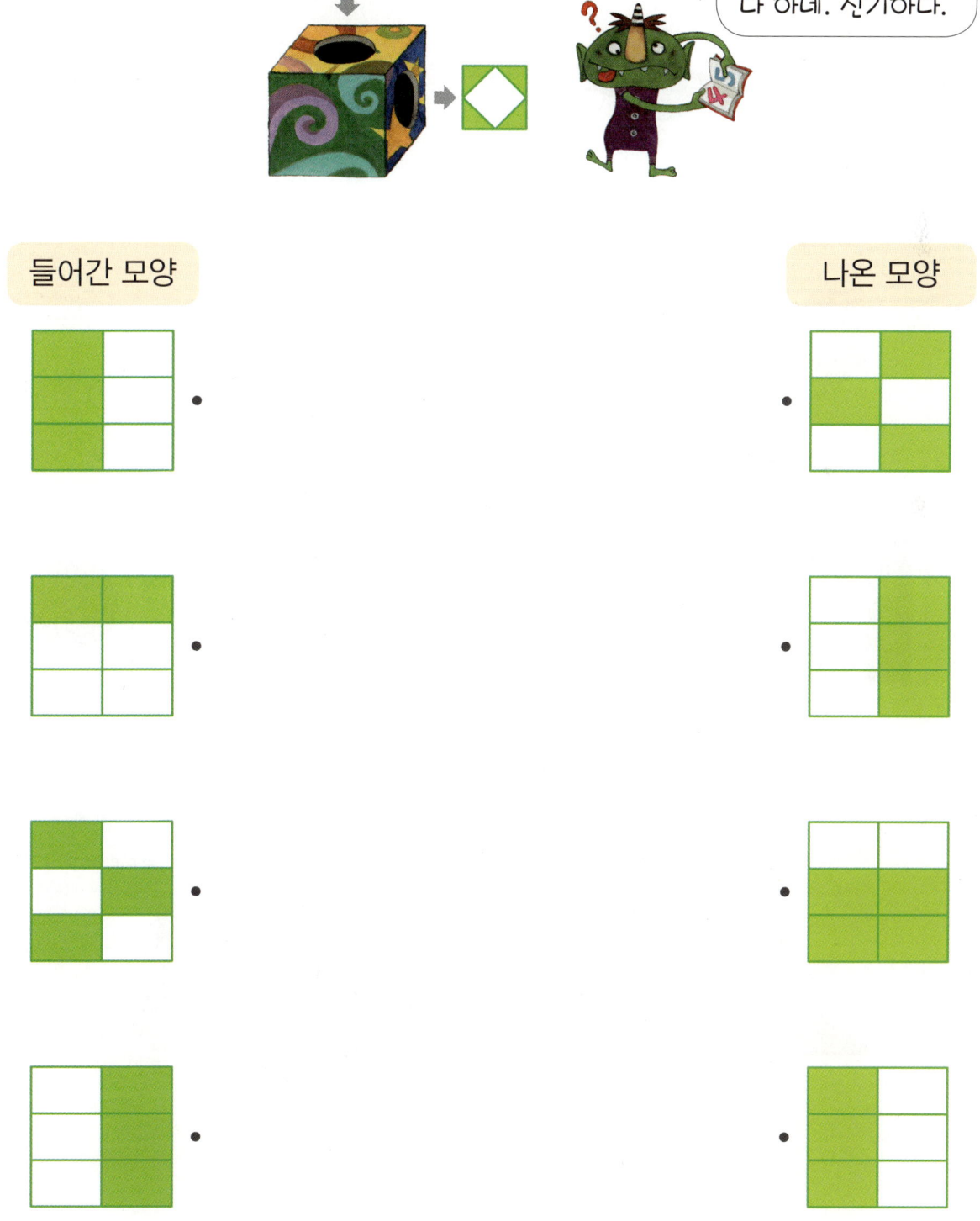

들어간 모양

나온 모양

앞의 두 그림의 관계와 같은 관계에 있도록 ☐ 안에 알맞은 그림 스티커를 붙이시오.

준비물 그림 스티커

이 그림에서 골라 봐.

☺ 왼쪽의 관계를 보고 오른쪽 빈 곳에 알맞은 단어를 쓰시오.

토끼	당근	⟷	다람쥐	
소금	짜다	⟷		달다
엄마	아빠	⟷	할머니	
머리	모자	⟷		신발

토끼는 당근을 좋아해.
소금은 짜고~ 이렇게
관계를 찾아봐.

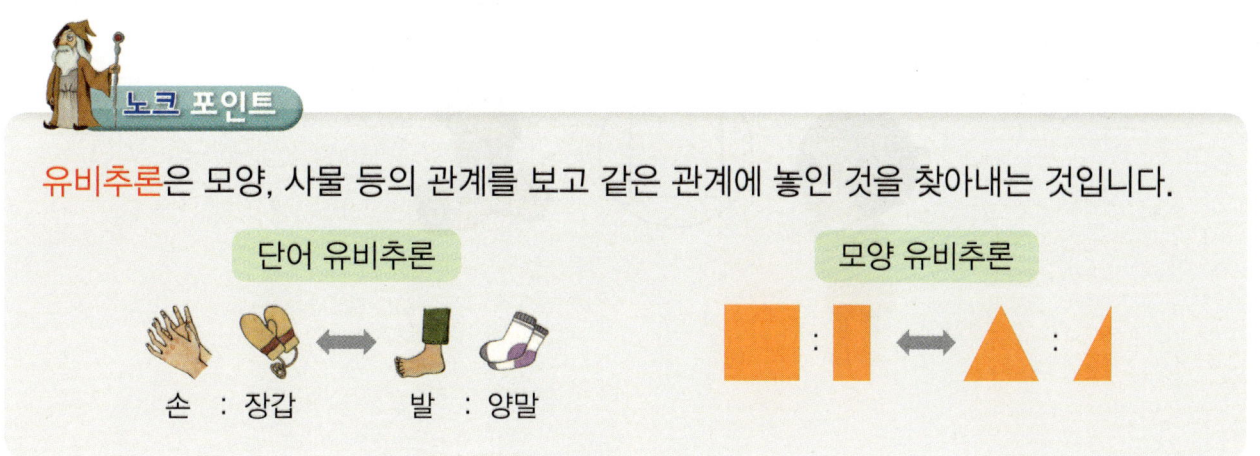

노크 포인트

유비추론은 모양, 사물 등의 관계를 보고 같은 관계에 놓인 것을 찾아내는 것입니다.

단어 유비추론

손 : 장갑   발 : 양말

모양 유비추론

■ : ▮ ⟷ ▲ : ◣

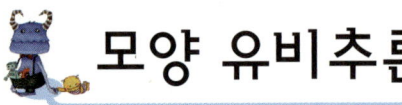

모양 유비추론

앞 두 모양의 관계와 같은 관계가 되도록 마지막 모양을 색칠하시오.

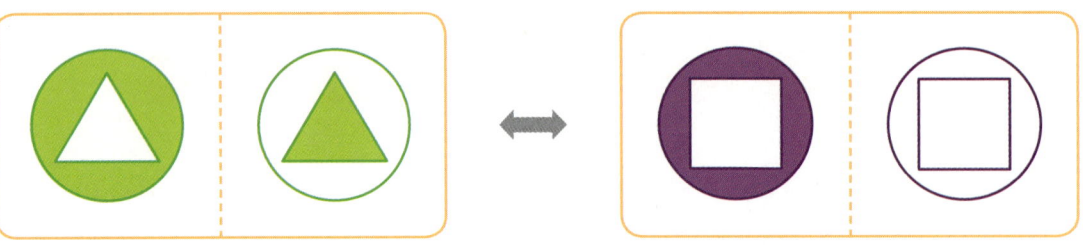

❶ 왼쪽 두 모양의 관계를 바르게 나타낸 것을 찾아 기호를 쓰시오.

ㄱ 모양의 크기가 작아집니다.
ㄴ 모양의 크기가 커집니다.
ㄷ 모양의 개수가 많아집니다.
ㄹ 색칠한 부분과 색칠하지 않은 부분이 달라집니다.

잘 생각해 봐!

세모의 색깔, 동그라미의 색깔을 비교해 보렴.

❷ ❶에서 찾은 두 모양의 관계에 따라 빈 곳에 알맞은 모양을 색칠하시오.

음…… 어딜 색칠하지?

네모를 색칠할까? 말까? 생각해 봐.

[카드 짝 짓기]

1 큐리의 카드와 현우의 카드 중 관계가 같은 것끼리 짝 지으려고 합니다. 관계가 같은 카드의 기호를 ☐ 안에 써넣으시오.

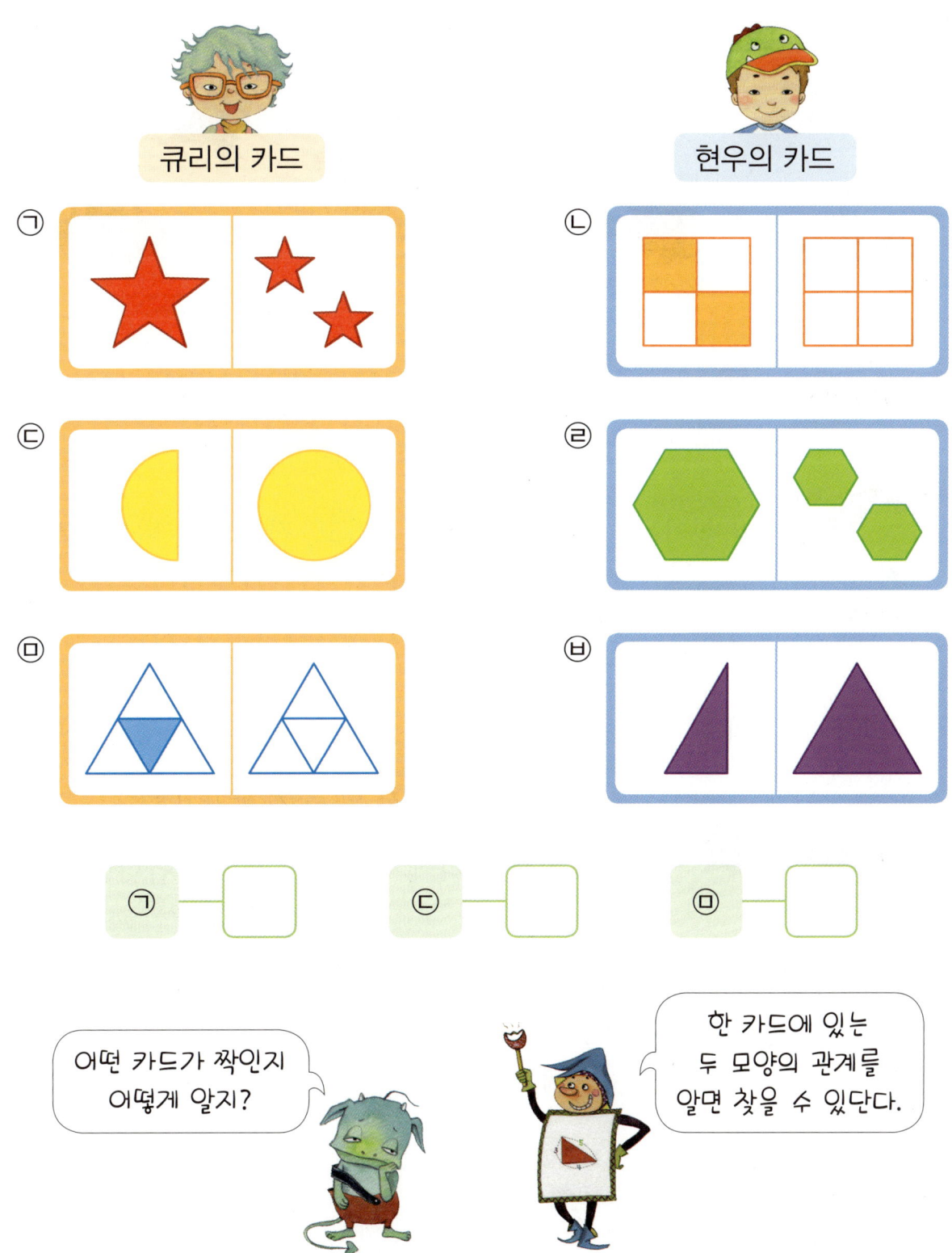

 # 매트릭스 유비추론

가로줄과 세로줄에 놓인 그림의 관계를 찾아 빈 곳에 들어가는 그림에 ◯표 하시오.

❶ 왼쪽 세로줄의 두 그림을 보고 ⬜ 안에 알맞은 단어를 써넣으시오.

 비행기는 ⬜에서 움직이고, 잠수함은 바다에서 움직입니다.

❷ 아래 가로줄의 두 그림을 보고 ⬜ 안에 알맞은 단어를 써넣으시오.

 잠수함은 바다에서 타는 기계이고,
물고기는 바다에서 사는 ⬜ 입니다.

❸ 빈 곳에 들어갈 그림을 설명하는 말의 ⬜ 안에 알맞은 단어를 써넣으시오.

⬜ 에 살고 있는 ⬜ 입니다.

❹ 알맞은 그림에 ◯표 하시오.

1 같은 관계를 갖는 두 모둠이 있습니다. 빈 곳에 알맞은 단어 또는 수를 쓰시오.

①

야구	야구공
배구	배구공

	탁구공
핸드볼	

②

사자	4
타조	2

호랑이	
	0

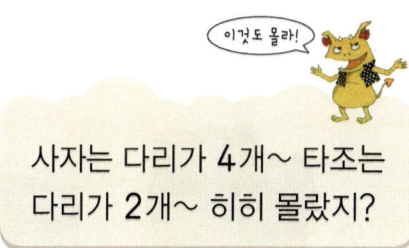

사자는 다리가 4개~ 타조는
다리가 2개~ 히히 몰랐지?

이것도 몰라!

[모양 매트릭스]

2 관계를 찾아 빈 곳에 알맞은 모양을 그리시오.

○가 ◇가
되는 거야?

창의적 문제해결력

1 빈 곳에 알맞은 그림의 기호를 쓰시오.

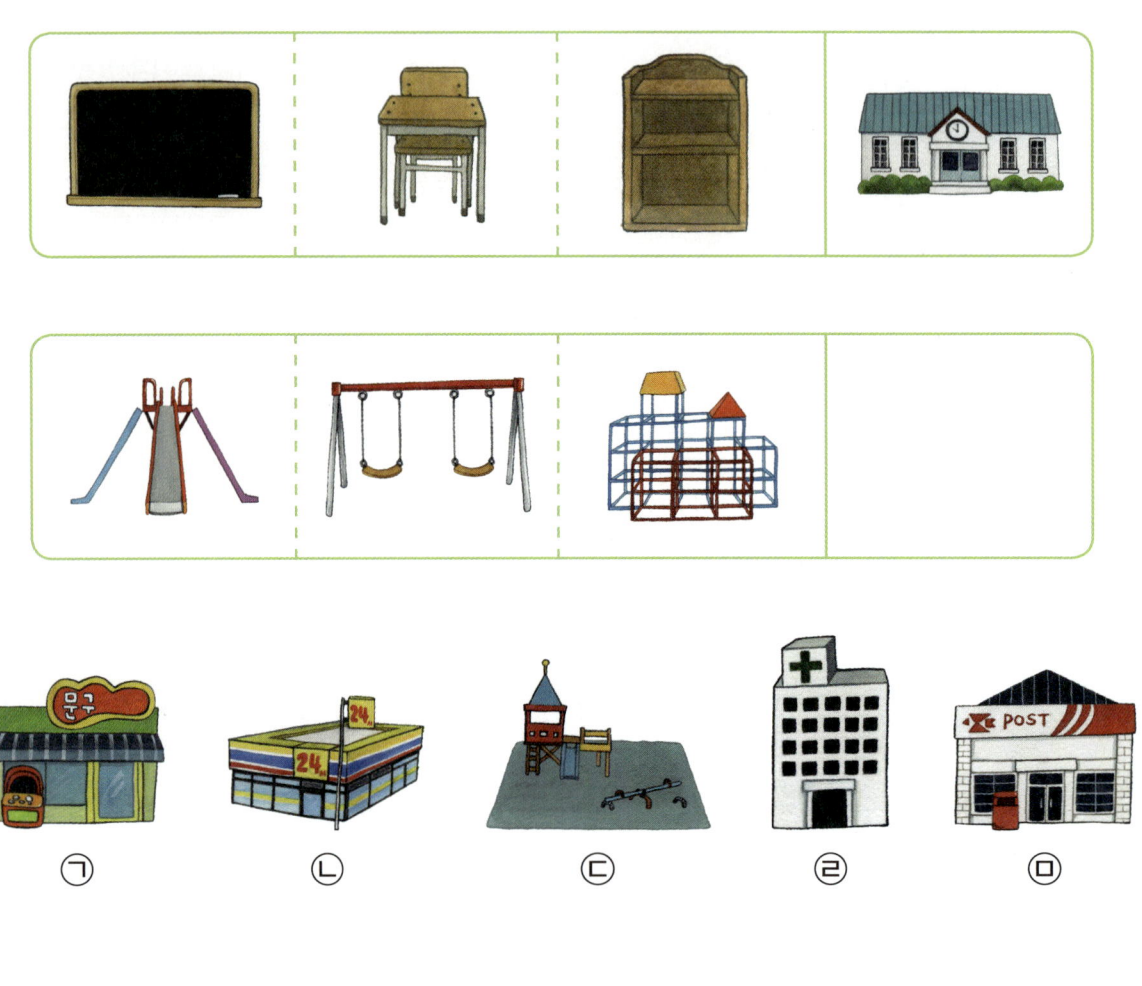

칠판, 책상과 의자, 교탁, 학교. 무슨 관계지?

학교에 가면 무엇이 있는지 생각해 보렴.

2 주어진 카드 스티커를 빈 곳에 붙여서 왼쪽과 오른쪽의 관계가 같도록 만들어 보시오.

💼 준비물 카드 스티커

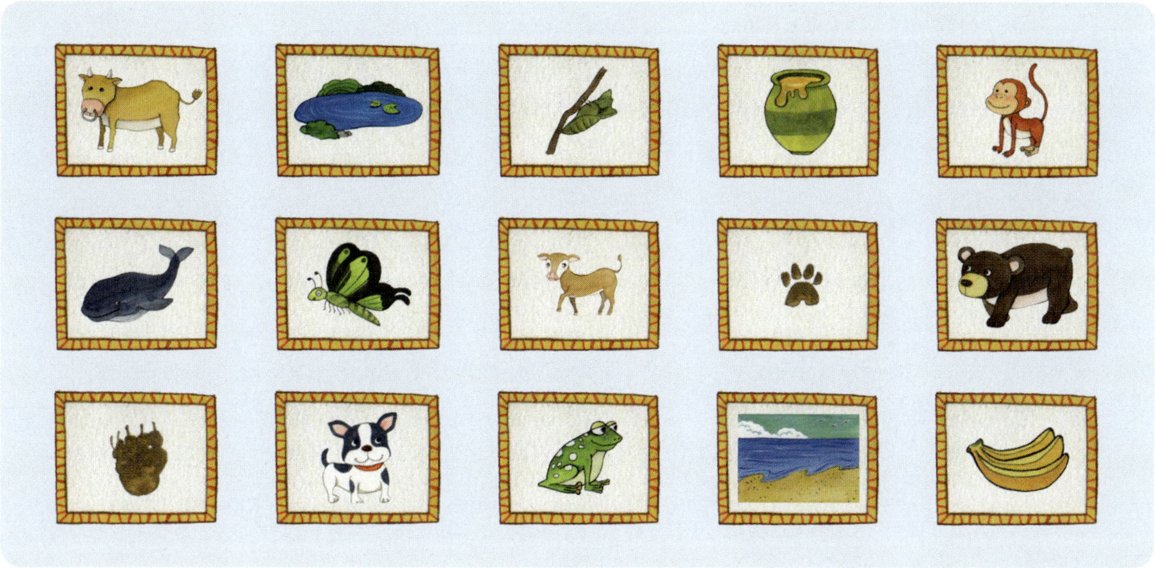

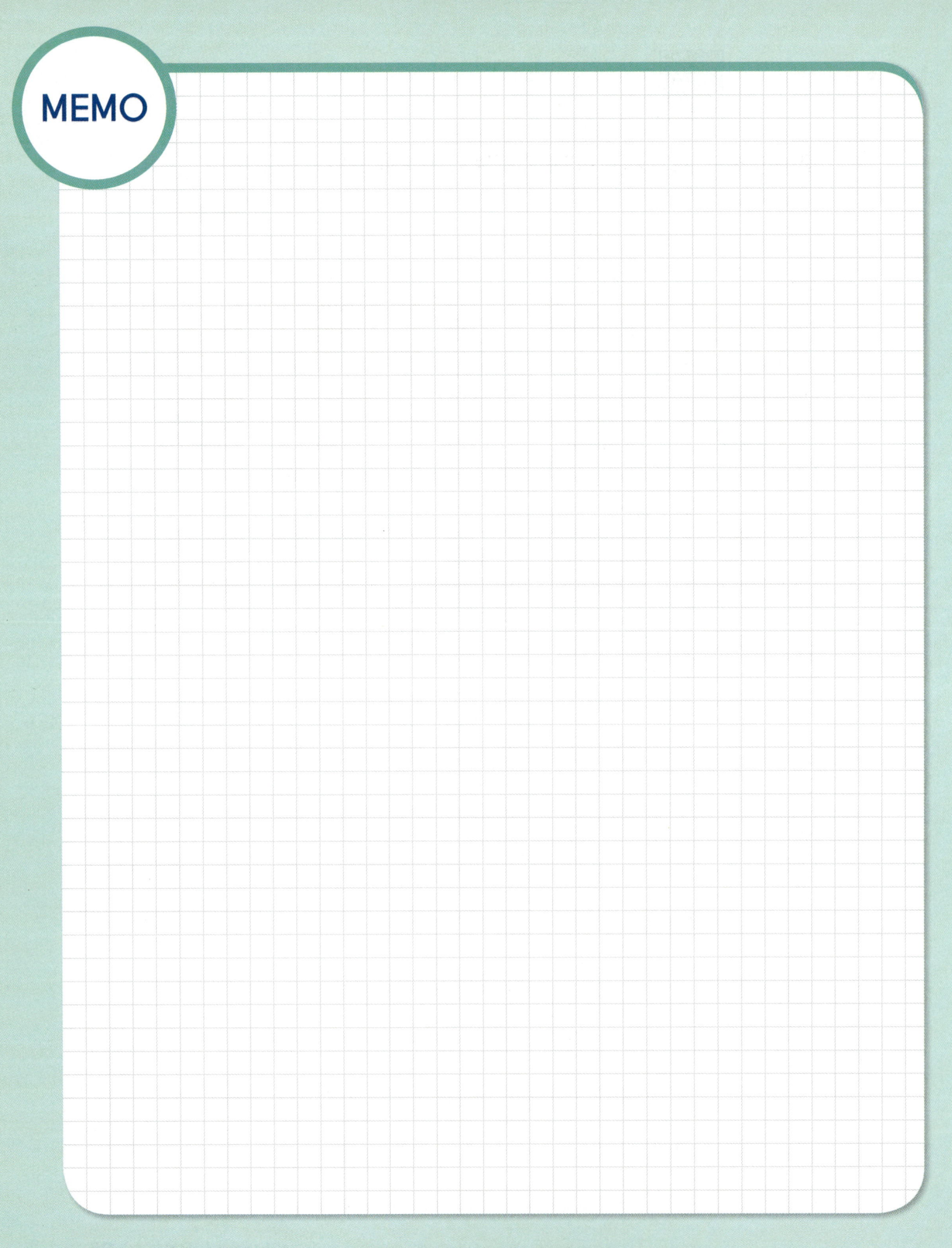

MEMO

정답및 해설

규칙

PA6

(7~8세)

누구나 쉽고 재미있게
사고력
수학

노크

천재교육

누구나 **쉽고 재미있게**

사고력
수학

노크

정답 및 해설

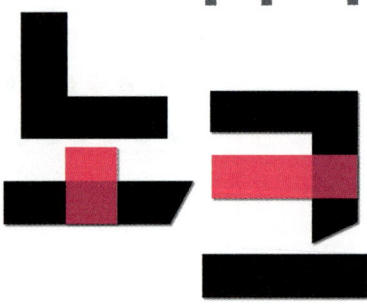

누구나
쉽고 재미있게
사고력 수학

PA6
(7~8세)

규칙

반복 패턴

1 마디 찾기

다음 그림에서 반복되는 것들을 찾아보시오.

초록색 나비와 노란색 나비가 반복해서 날고 있어.

난 양치기 개야. 내가 양들을 규칙적으로 세웠지.

풍선: 빨간색, 노란색 풍선이 번갈아 있습니다.
나비: 초록색, 노란색 나비가 번갈아 날고 있습니다.
양: 옆으로 선 양, 앞으로 선 양이 번갈아 있습니다.

보기 와 같이 반복되는 것을 모두 ◯로 묶으시오.

보기

(토끼, 코끼리, 코끼리),
(토끼, 코끼리, 코끼리)
이제 알았다!

노크 포인트

규칙을 정하여 순서대로 늘어놓고 이것을 반복하여 나타낸 것을 **패턴**이라고 합니다.
패턴에서 계속 반복하여 놓는 부분을 **패턴의 마디**라고 합니다.

마디 마디 마디 마디

마디 마디 마디

잘못된 패턴

태돌이 아버지가 일정한 규칙에 따라 그릇들을 정리하였습니다. 규칙에 따라 정리되지 않은 칸을 찾아 기호를 쓰시오. ㄹ

㉠
㉡
㉢
㉣

❶ 위 칸에서 각각 패턴의 마디를 찾아 ◯로 묶으시오.

이렇게 하는 건데 몰랐지?

❷ 패턴의 마디에 맞지 않게 그릇이 놓여 있는 칸의 기호를 쓰시오.

규칙에 맞지 않게 정리된 칸을 찾아 다시 정리해야겠구나.

아빠, 제가 찾아볼게요.

[도미노 놀이]

1 꼬마 요괴들이 도미노 놀이를 합니다. 다음 중 규칙에 맞지 않게 놓인 도미노 1개를 찾아 ✕표 하시오.

잘못 놓인 도미노가 있다고?

열심히 보면 찾을 수 있을거야.

초록색 도미노가 놓여야 하는 자리에 파란색 도미노가 놓여 있습니다.

세우느라 힘들었어.

가장 앞의 도미노를 넘어뜨리면 가장 뒤의 도미노까지 다 넘어지지.

빨간색 도미노, 파란색 도미노, 초록색 도미노, 다시 빨간색 도미노~ 이제 알겠지?

🐭 패턴 미로

14
15

티나는 다음과 같은 규칙에 따라 미로를 통과합니다. 티나가 만나는 동물에 ◯표 하시오.

패턴의 마디를 이루는 쿠키들을 순서대로 지나면 미로를 통과할 수 있습니다.

[패턴 미로]

1 태돌이가 과자집에 가는 가장 빠른 길을 선으로 나타내고, 미로를 빠져 나가는 길에 있는 패턴의 마디를 스티커를 붙여서 나타내시오.

🟢 준비물 패턴 스티커

미로를 통과하는 가장 빠른 길에 있는 음식들을 차례로 놓으면 하나의 패턴이 만들어 집니다. 만들어진 패턴에서 패턴의 마디를 찾습니다.

---

② 붕어빵과 국화빵

16
17

현우네 동네에는 붕어빵과 국화빵을 같이 파는 가게가 있습니다. 가게의 아저씨는 빵을 다음과 같은 순서대로 구워서 팝니다.

줄을 서 있는 사람들에게 왼쪽에 있는 붕어빵부터 차례로 팔지.

현우

티나

1번째 2번째 3번째 4번째 5번째 6번째

1번째에 있는 현우는 붕어빵, 2번째에 있는 티나는 국화빵을 삽니다. 3번째, 4번째에 있는 태돌이와 큐리는 어떤 빵을 살 수 있습니까?

붕어 빵

태돌

국화 빵

큐리

꼬마 요괴들이 빵을 사려고 줄을 섰습니다. 순서에 맞게 꼬마 요괴들이 살 수 있는 빵을 ☐ 안에 써넣으시오.

6번째   7번째   8번째

장난 요괴   멍하니 요괴   한입 요괴

국화 빵   붕어 빵   국화 빵

붕어빵, 국화빵, 붕어빵, 국화빵~ 이렇게 팔고 있는거야.

붕어빵, 국화빵 순서대로 번갈아 가며 빵을 놓습니다. 6번째 장난 요괴는 국화빵을 살 수 있으므로 7번째 멍하니 요괴는 붕어빵을 살 수 있고 8번째 한입 요괴는 국화빵을 살 수 있습니다.

🧙 빵꾸 포인트

패턴에서 일정하게 늘어놓은 규칙, 즉 패턴의 마디를 찾아 다음에 올 모양을 알 수 있습니다.

다음에서 패턴의 마디가 ◯☐△이므로 ☐ 안에는 △이 들어가야 합니다.

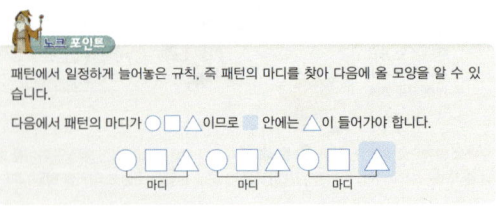

마디   마디   마디

정답 및 해설 **3**

🛡️ □ 안에 알맞은 모양

다음 패턴의 규칙을 찾아 □ 안에 알맞은 모양의 기호를 써넣으시오.

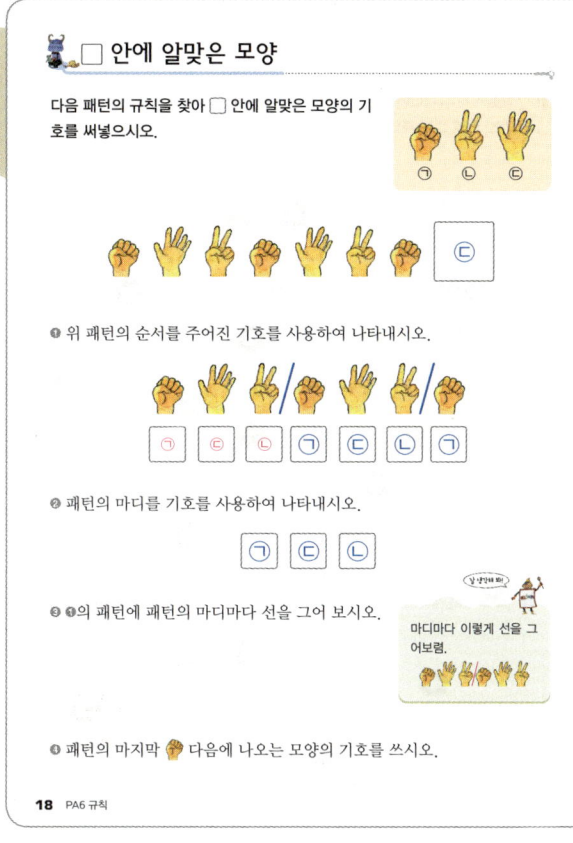

❶ 위 패턴의 순서를 주어진 기호를 사용하여 나타내시오.

❷ 패턴의 마디를 기호를 사용하여 나타내시오.

❸ ❶의 패턴에 패턴의 마디마다 선을 그어 보시오.

마디마다 이렇게 선을 그어보렴.

❹ 패턴의 마지막 ✊ 다음에 나오는 모양의 기호를 쓰시오.

[패턴]
1 패턴의 규칙을 찾아 □ 안에 알맞은 모양을 선으로 이으시오.

어떻게 알 수 있어요?

우선 패턴의 마디를 찾으렴. 그럼 알 수 있단다.

🛡️ 패턴 완성

구슬이 놓인 규칙에 맞게 빈 곳에 알맞은 구슬 스티커를 붙이시오.

구슬 스티커

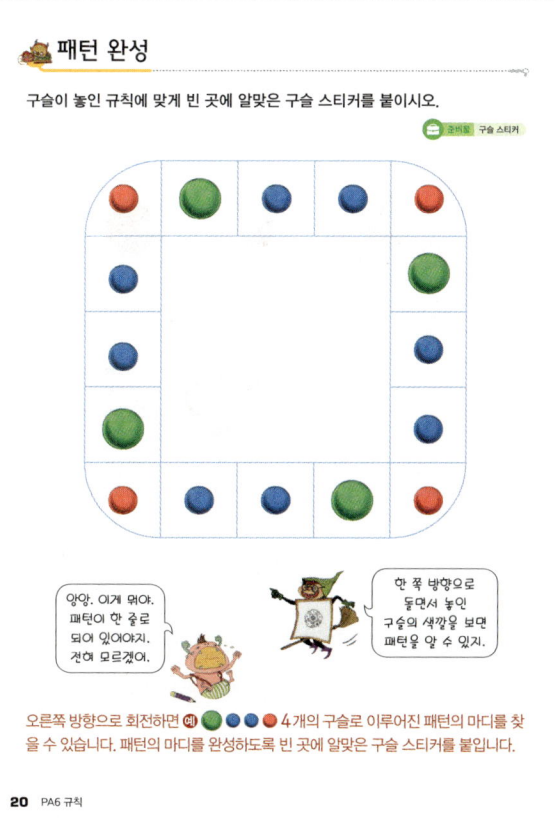

앙앙. 이게 뭐야. 패턴이 한 줄로 되어 있어야지. 전혀 모르겠어.

한 쪽 방향으로 돌면서 놓인 구슬의 색깔을 보면 패턴을 알 수 있지.

오른쪽 방향으로 회전하면 🟢🔵🔵🔴 4개의 구슬로 이루어진 패턴의 마디를 찾을 수 있습니다. 패턴의 마디를 완성하도록 빈 곳에 알맞은 구슬 스티커를 붙입니다.

[패턴길]
1 ○△◇가 반복적으로 그려진 길을 장난감 자동차가 지나갑니다. 자동차에 가려져 보이지 않는 모양을 □ 안에 그리시오.

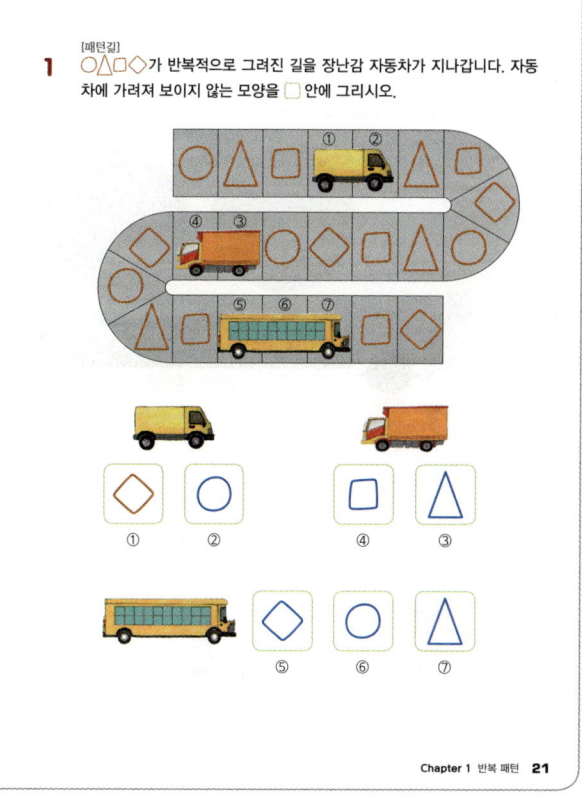

---

4 PA6 규칙

3 색깔 패턴

친구들이 놀러간 놀이 공원에 있는 관람차에 규칙적으로 색깔이 칠해져 있습니다. 색연필을 사용하여 관람차를 색칠하시오.

나는 빨간색 관람차에 타야지.

티나 어머니는 일정한 규칙에 따라 꼬치를 만들고 있습니다. 규칙을 찾아 빈 곳을 알맞게 색칠하시오.

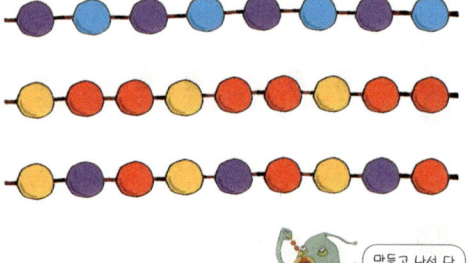

만들고 나서 다 내가 먹을거야.

뉴크 포인트

패턴을 색깔, 소리, 동작을 이용하여 나타낼 수도 있습니다.

색깔을 이용하는 패턴
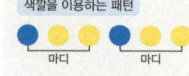
마디 마디

소리를 이용하는 패턴
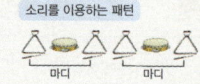
마디 마디

동작을 이용하는 패턴

마디 마디

동작 패턴

태돌이와 친구들은 피구 경기에서 같은 반 친구들을 응원하기 위해 응원가에 맞추어 단체 무용을 합니다. 안에 알맞은 동작을 하고 있는 친구를 찾아 기호를 써넣으시오.

잘 보렴. 어느 줄에 서 있는지에 따라 동작이 달라진단다.

1 [체조하는 토끼]
아침에 일어난 토끼가 동작을 반복하며 체조를 합니다. 빈 곳에 알맞은 스티커를 붙여 보시오.

2 [동요]
현우가 같은 동작을 반복하며 동요에 맞추어 율동을 합니다. 현우가 다음에 할 동작에 ◯표 하시오.

정답 및 해설 **5**

26·27

소리 패턴

대마왕과 꼬마 요괴들이 리듬 놀이를 합니다. 리듬에 맞추어 빈 곳에 알맞은 손, 발 스티커를 붙여 보시오.

준비물 손, 발 스티커

쿵쿵짝, 쿵쿵짝~
내가 만든 리듬이야.

짝쿵짝쿵~
즐겁지?

잘 들어봐. 짝짝쿵쿵,
짝짝쿵쿵~

쿵짝짝짝! 이 리듬을
반복할 거야.

[북 장단 맞추기]

1 꼬마 요괴들이 일정한 리듬에 맞춰 북을 칩니다. 리듬에 맞지 않게 북을 친 요괴에 ✕표 하시오.

합궁궁   탁궁   합궁궁   탁궁

탁궁   합궁궁   탁궁   합궁궁

먼가 좀
이상해요.

꼬마 요괴
한 명이 잘못 쳐서
그래. 잘 보면
알 수 있지.

꼬마 요괴들이 치고 있는 장단은 Ⅰ2박의 중중모리 장단입니다. '합궁궁탁궁'의 리듬에 맞지 않게 친 요괴는 '합궁궁'을 치지 않고 '탁궁'을 친 장난 요괴입니다.

28·29

🌼 창의적 문제해결력

1 다음과 같은 패턴이 있습니다. 패턴의 Ⅰ0번째에 나올 모양을 찾아 기호를 쓰시오.

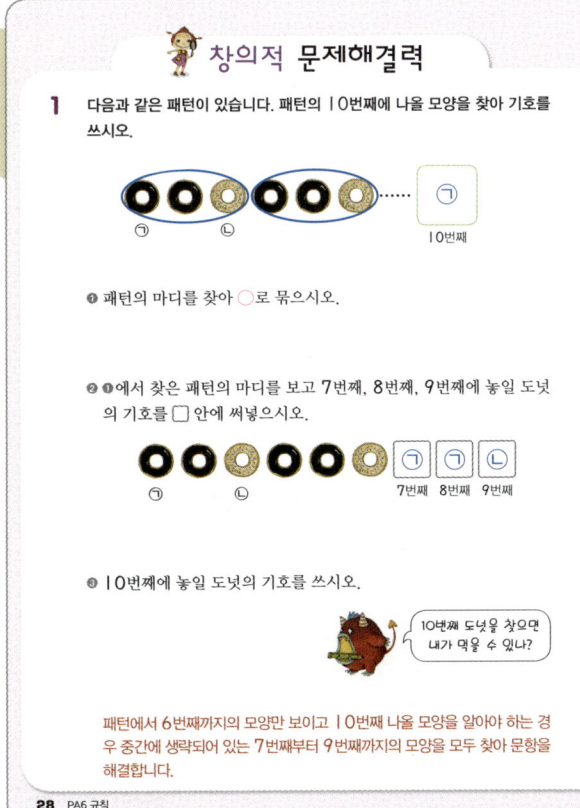

ㄱ   ㄴ   ㄷ   Ⅰ0번째

❶ 패턴의 마디를 찾아 ◯로 묶으시오.

❷ ❶에서 찾은 패턴의 마디를 보고 7번째, 8번째, 9번째에 놓일 도넛의 기호를 □ 안에 써넣으시오.

ㄱ   ㄴ   7번째 8번째 9번째

❸ Ⅰ0번째에 놓일 도넛의 기호를 쓰시오.

Ⅰ0번째 도넛을 찾으면
내가 먹을 수 있나?

패턴에서 6번째까지의 모양만 보이고 Ⅰ0번째 나올 모양을 알아야 하는 경우 중간에 생략되어 있는 7번째부터 9번째까지의 모양을 모두 찾아 문항을 해결합니다.

📹 동영상 특강
QR 코드를 찍어 보세요!

2 티나가 귀신의 집을 나가려면 꼬마 요괴들이 말하는 조건을 모두 만족하는 패턴을 만들어야 합니다. 티나를 도와 패턴 2가지를 만드시오.

♥, ★, ▲으로
이루어진
패턴이야.

패턴의 마디가
모양 4개로
이루어져 있어.

한 마디 안에
★이 2번
들어가야 해.

예 [패턴 1]   ♥ ★ ★ ▲ ♥ ★ ★ ▲

예 [패턴 2]   ★ ▲ ★ ♥ ★ ▲ ★ ♥

어려워요.
어떻게 하죠?

★♥★▲처럼 ★이
2번 들어가고 모양
4개로 이루어진 마디를
먼저 만들어 보렴.

조건에 맞는 패턴의 마디는 여러 가지가 나올 수 있습니다. 아이가 조건에 맞는 마디를 만들고, 그 마디를 반복하여 패턴을 만들면 예시 답안과 달라도 정답입니다.

규칙 1

4 재미있는 규칙

태경이와 친구들이 마법의 성으로 갑니다. 파스칼 요정은 마법의 성에 들어갈 수 있는 친구와 들어갈 수 없는 친구를 이야기합니다.

> 들어갈 수 있는 친구는 O표, 들어갈 수 없는 친구는 X표야.

마법의 성으로 들어갈 수 있는 친구와 들어갈 수 없는 친구가 있습니다. 마법의 성으로 들어갈 수 있는 규칙을 이야기해 보시오.

안경을 낀 사람만 마법의 성에 들어갈 수 있는 규칙입니다.

> 나는 마법의 성에 들어갈 수 있어.

여러 가지 음료수를 일정한 규칙에 따라 컵에 따릅니다. 음료수를 따른 규칙을 찾아보시오. **우유는 손잡이가 있는 컵에 따르고, 다른 음료수는 손잡이가 없는 컵에 따릅니다.**

> 규칙이 있어? 전혀 모르겠어.

> 난 자다 깨서 봐도 우유컵은 바로 찾을 수 있는데.

노크 포인트

① 일정한 규칙에 따라 단어를 늘어놓을 수 있습니다.
- 시작 글자가 같은 낱말: 사진 – 사랑 – 사과 – 사자 – 사슴
- 앞의 끝 글자가 뒤의 첫 글자인 낱말: 바다 – 다시마 – 마차 – 차표 – 표지판

② 특정한 단어를 숫자로 나타내는 규칙을 정하여 암호를 만들 수 있습니다.

규칙 엄마 → 1   사랑해 → 2

| 1은 너를 2 | → 엄마는 너를 사랑해 |

🐉 낱말 규칙

큐리가 가장 빠른 길로 미로를 통과합니다. 큐리가 가는 길을 선으로 나타내고 길에 있는 낱말들의 규칙을 쓰시오. **모두 '자'자가 들어갑니다.**

자두 → 박자 → 자연 → 부자 → 감자 → 상자 → 손자
→ 자신감 → 사자 → 자라

[규칙 찾기]

1 일정한 규칙에 따라 낱말 카드를 늘어놓았습니다. 카드를 늘어놓은 규칙을 찾아 기호를 쓰시오. ⓒ

> ㉠ 모두 2글자 낱말입니다.
> ㉡ 시작하는 글자가 모두 같은 낱말입니다.
> ㉢ 끝나는 글자가 모두 같은 낱말입니다.

마법사 ⇒ 마차 ⇒ 마술 ⇒ 마귀 ⇒ 마부

[낱말 잇기]

2 꼬마 요괴들이 일정한 규칙에 따라 낱말 잇기 게임을 합니다. 규칙을 찾아 장난 요괴가 말할 수 있는 단어를 2개 써보시오. **예 사자, 사슴**

침대	대나무	무사	사진사	?
잠만자 요괴	딴짓 요괴	한입 요괴	거꾸로 요괴	장난 요괴

> 침대 – 대나무 – 무사 –
> 사진사 – 사○
> 이제 규칙을 알겠지?

정답 및 해설 **7**

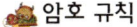 암호 규칙

거꾸로 요괴가 다음과 같은 쪽지를 보냈습니다. 거꾸로 요괴가 태돌이를 초대한 곳은 어디입니까? **도서관**

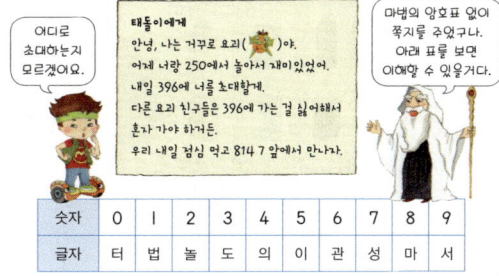

어디로 초대하는지 모르겠어요.

태돌이에게
안녕, 나는 거꾸로 요괴( )야.
어제 너랑 250에서 놀아서 재미있었어.
내일 396에 너를 초대할게.
다른 요괴 친구들은 396에 가는 걸 싫어해서
혼자 가야 하거든.
우리 내일 점심 먹고 814 7 앞에서 만나자.

마법의 암호표 없이 쪽지를 주었구나.
아래 표를 보면 이해할 수 있을거다.

숫자	0	1	2	3	4	5	6	7	8	9
글자	터	법	놀	도	의	이	관	성	마	서

❶ 거꾸로 요괴와 태돌이는 어제 250에서 같이 놀았습니다. 암호표에서 각 숫자가 나타내는 글자를 찾아 250은 어디인지 알아보시오.

숫자가 나타내는 글자를 읽으면 되는 거야.

숫자	0	1	2	3	4	5
글자	터	법	놀	도	의	이

2 **놀** 5 **이** 0 **터**

❷ ❶과 같은 방법으로 쪽지에 숫자로 표시된 낱말들을 한글로 나타내시오.

3 **도** 9 **서** 6 **관**   8 **마** 1 **법** 4 **의** 7 **성**

❸ 거꾸로 요괴가 태돌이를 초대한 곳을 쓰시오.

[손 암호]

1 귀가 잘 들리지 않는 딴소리 요괴를 위해 현우는 손을 이용하여 대화를 나누기로 하였습니다. 손 모양과 단어를 약속한 표를 보고, 현우와 딴소리 요괴가 하는 말을 한글로 나타내시오.

딴소리 요괴가 알 수 있도록 손으로 나타내 보자.

현우

뭐라는 거지?

딴소리 요괴

손 모양 약속

손 모양										
단어	케이크	좋아	책	게임	손	축구	싫어	쿠키	신발	발

우리 그만 하고 나가서 하자.

. 이 없어서 이 아프단 말이야.

우리 **게임** 그만 하고 나가서 **축구** 하자.

싫어 . **신발** 이 없어서 **발** 이 아프단 말이야.

---

⑤ 예, 아니요 규칙

현우는 동그라미 얼굴 모양과 세모 얼굴 모양을 규칙에 따라 그리고 있습니다. '예'라고 하면 앞과 같은 얼굴 모양, '아니요'라고 하면 다른 얼굴 모양을 그려 보시오.

어떤 얼굴 모양을 그리지?

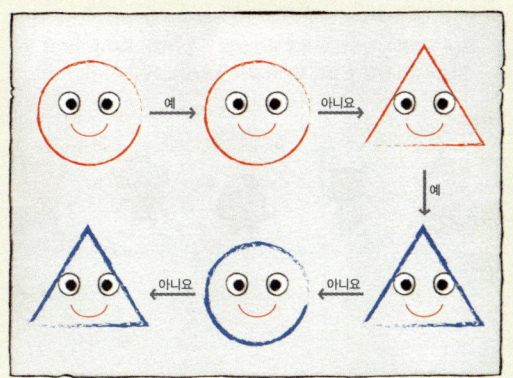

① '뽕'은 같은 물건, '뽕뽕'은 다른 물건이 나오는 규칙입니다. 와 두 가지 물건이 있을 때, 빈 곳에 알맞은 물건 스티커를 붙이시오.

준비물 물건 스티커

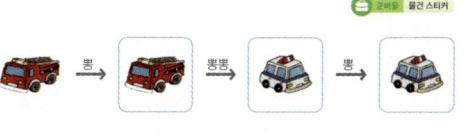

노코 포인트

앞과 같은 모양, 다른 모양이 나오는 화살표의 규칙을 정하고, 규칙에 따라 다음에 나올 모양을 찾습니다.

➡ 같은 모양	➡ 다른 모양
○ ➡ ○	○ ➡ □
□ ➡ □	□ ➡ ○

🐛 화살표 규칙

태돌이는 다음과 같이 화살표 규칙을 만들었습니다. 태돌이가 만든 규칙에 따라 빈 곳에 ◯ 또는 ☐을 그리시오.

규 칙
➡ 앞과 같은 모양이 나옵니다.
➡ 앞과 다른 모양이 나옵니다.

❶ 화살표 앞의 모양이 ◯일 때, 규칙에 맞게 ◯ 또는 ☐을 그려 넣으시오.

❷ ➡ 뒤의 모양은 ☐입니다. 앞의 모양은 ☐와 같은 모양입니까? 다른 모양입니까? **같은 모양**
➡는 앞과 같은 모양 뒤에 나오는 규칙입니다. 따라서 ➡ 뒤의 모양과 같은 모양이 앞에 있습니다.

❸ ➡ 뒤의 모양은 ◯입니다. 앞의 모양은 ◯와 같은 모양입니까? 다른 모양입니까? **다른 모양**
➡는 앞과 다른 모양이 뒤에 나오는 규칙입니다. 따라서 ➡ 뒤의 모양과 다른 모양이 앞에 있습니다.

❹ 빈 곳에 ◯ 또는 ☐을 그려 넣으시오.

[빨간색, 파란색]
1 ➡은 같은 동물, ➡은 다른 동물이 나오는 규칙입니다. 다음 화살표에 알맞은 색을 칠하시오.

[화살표의 앞, 뒤]
2 다음 규칙에 따라 빈 곳에 2가지 인형 중 알맞은 인형 스티커를 붙이시오.

규칙
➡ 앞과 같은 인형이 나옵니다.
➡ 앞과 다른 인형이 나옵니다.

🐿 반복 규칙

➡은 앞과 같은 모양, ➡은 앞과 다른 모양이 나옵니다. 화살표가 여러 번 있을 때 빈 곳에 ◯ 또는 ☐을 그리시오.

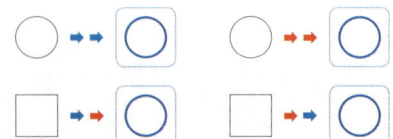

❶ ➡(➡)가 2번 있는 경우는 ➡(➡)가 1번 있는 경우의 모양을 생각하여 빈 곳에 ◯ 또는 ☐을 그려 넣으시오.

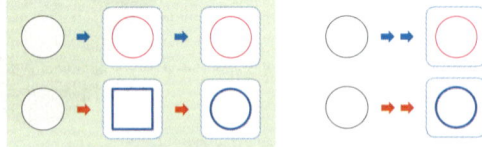

❷ ❶과 같이 ➡와 ➡가 있는 경우 빈 곳에 알맞은 모양을 그리시오.

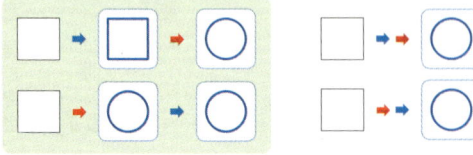

[빵, 우유]
1 마법 상자에 음식을 넣습니다. 상자에 쓰인 글자가 '빵'이면 같은 음식, '우유'면 다른 음식이 나오는 규칙입니다. 🍪과 🫙 두 가지 음식이 있을 때, 다음 중 🫙가 나오는 마법 상자의 기호를 쓰시오. **ⓒ**

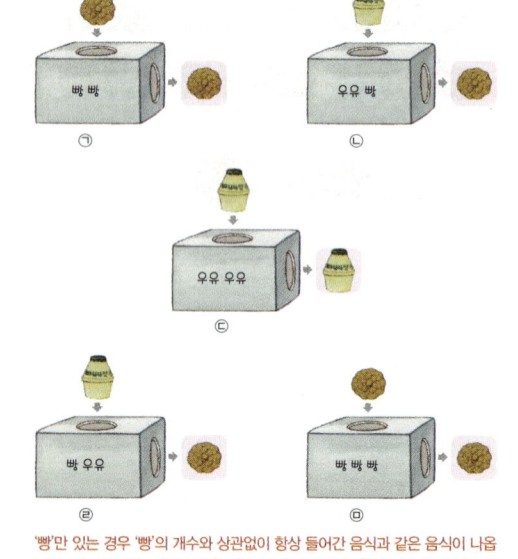

'빵'만 있는 경우 '빵'의 개수와 상관없이 항상 들어간 음식과 같은 음식이 나옵니다. '우유'가 있는 경우 '우유'가 홀수 번 적히면 다른 음식, 짝수 번 적히면 같은 음식이 나옵니다.

6 통과 암호

티나가 외눈박이 거인의 앞을 지나가려고 합니다. 거인에게 암호를 기억하여 말하지 않으면 거인은 돌을 떨어뜨려 길을 막아버립니다.

암호를 잊어버렸어. 어떡하지?

티나야, 암호는 1358135813581358이야.

암호가 너무 어려워. 기억하기 쉽게 하려면 어떡해야 할까?

티나가 통과 암호를 잘 기억할 수 있는 방법을 이야기해 보시오.

암호 1358 1358 1358 1358

잘 보렴. 1358~ 1358~

1358이 4번 반복되고 있으므로 반복되는 1358을 기억하면 전체 암호를 기억할 수 있습니다.

대마왕이 갖고 싶어하는 마법 주머니가 금고에 보관되어 있습니다. 대마왕이 금고문을 열 수 없도록 금고의 비밀번호를 정해봅시다. 단, 비밀번호는 잊지 않도록 외우기 쉬워야 하며, 10자리 수입니다.

예 2727272727

1111111111 이런 비밀번호는 너무 쉽게 알 수 있지.

대마왕

반복되는 부분을 이용하여 비밀번호를 외울 수 있도록 하는 경우와 일정한 규칙을 가진 수열을 이용하여 비밀번호를 정한 경우 모두 정답으로 봅니다.

도코 포인트

수가 놓인 규칙을 찾는 방법에는 여러 가지가 있습니다.
① 반복되는 부분을 찾습니다.
247 1 247 1 247 1 → 247 1 이 반복됩니다.
② 홀수, 짝수를 찾습니다.
2, 6(○), 4, 2(○), 6, 8(○), 1, 5(×), 3, 7(×) → 짝수는 ○표, 홀수는 ×표 합니다.
③ 수의 합 · 차를 구합니다.
2 6 . 3 7 . 4 8 → 두 수의 차가 4씩 납니다.

👹 수의 규칙

한입 요괴가 기차에 적힌 수를 보고 기차에 ○표 또는 ×표를 하였습니다. 같은 규칙에 따라 □ 안에 ○표 또는 ×표를 하시오.

규칙을 알면 바로 알 수 있지.

❶ ○표한 기차에 적힌 수와 ×표한 기차에 적힌 수의 공통점을 비교한 것 중 옳은 것의 기호를 쓰시오. ⓒ

	○표한 기차	×표한 기차
㉠	모두 짝수입니다.	모두 홀수입니다.
㉡	큰 수가 앞에 있습니다.	큰 수가 뒤에 있습니다.
㉢	작은 수가 앞에 있습니다.	작은 수가 뒤에 있습니다.
㉣	숫자 8이 있습니다.	숫자 8이 없습니다.

❷ 규칙에 맞게 □ 안에 ○표 또는 ×표를 하시오.
작은 수가 앞에 있으면 ○표를 하는 규칙이므로 1, 6이 차례로 쓰인 기차에는 ○표를 합니다.

[○, ×]

1 꼬마 요괴들이 카드 요정이 사는 집에 ○표 또는 ×표를 하였습니다. 꼬마 요괴들이 표시를 한 규칙을 설명하시오.

히히히, 아무도 모를거야.

지붕에 짝수가 적힌 집의 문에는 ○표, 홀수가 적힌 집의 문에는 ×표 합니다.

꼬마 요괴의 규칙은 어렵지 않지? 홀수, 짝수만 알면 다 풀 수 있단다.

---

10 PA6 규칙

 **주머니의 규칙**

마법의 주머니에 금화를 넣으면 일정한 규칙에 따라 금화의 개수가 달라집니다. 이 마법의 주머니에 금화 6개를 넣으면 모두 몇 개의 금화를 꺼낼 수 있습니까?

7개

❶ 주머니에 들어가고 나온 금화의 수를 ◯ 안에 써넣으시오.

들어간 금화	나온 금화
Ⅰ	2
2	3
4	5

❷ ❶의 수를 보고 금화의 수가 변하는 규칙을 쓰시오.

주머니에 들어간 금화보다 Ⅰ개 더 많은 금화가 나옵니다.

Ⅰ과 2, 2와 3, 4와 5 사이의 규칙을 찾습니다.

❸ 금화 6개를 넣으면 모두 몇 개의 금화가 되는지 쓰시오.

이 주머니를 가지려고 금고 번호를 알려고 했던거지.

절대 금고를 열 수 없을거다.

6개보다 Ⅰ개 더 많으므로 7개의 금화가 됩니다.

[카드의 규칙]

1 일정한 규칙에 따라 다음과 같이 2장의 숫자 카드를 놓았습니다. 2장의 숫자 카드 사이의 규칙은 무엇입니까?

차가 모두 5인 숫자 카드를 나란히 놓았습니다.

| 1 6 | 4 9 | 2 7 | 3 8 |

두 수의 합과 차를 구해 보면 알 수 있겠네.

[오렌지 주스]

2 오렌지를 넣으면 오렌지 주스를 만들어 주는 마법 주머니가 있습니다. 이 주머니에 오렌지 몇 개를 넣으면 오렌지 주스 Ⅰ병을 꺼낼 수 있습니까?

2개

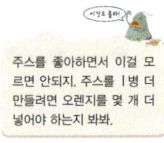

주스를 좋아하면서 이걸 모르면 안되지. 주스를 Ⅰ병 더 만들려면 오렌지를 몇 개 더 넣어야 하는지 봐봐.

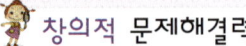 **창의적 문제해결력**

1 일정한 규칙에 따라 꼬마 요괴들이 차례로 수를 말합니다. 규칙에 따라 마지막에 서 있는 장난 요괴가 이야기하는 수는 무엇입니까? **13579**

시작한다. 13579

35791

57913

79135

91357

음......

장난 요괴

가장 앞에 있는 숫자가 가장 뒤로 가는 규칙입니다.

Ⅰ3579 → 3579Ⅰ → 579Ⅰ3 → 79Ⅰ35 → 9Ⅰ357 → Ⅰ3579

🎥 **동영상 특강**
QR 코드를 찍어 보세요!!!

2 다음 규칙 에 따라 마법 상자에 낱말 카드를 넣으면 새로운 낱말이 적힌 카드가 나옵니다. 빈 카드에 알맞은 단어 3개를 써보시오.

규칙
멍멍: 앞 글자가 같은 낱말이 나옵니다.
나옹: 끝 글자가 같은 낱말이 나옵니다.

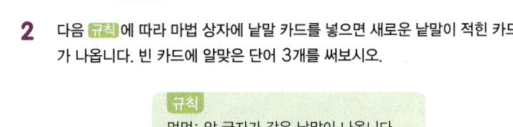

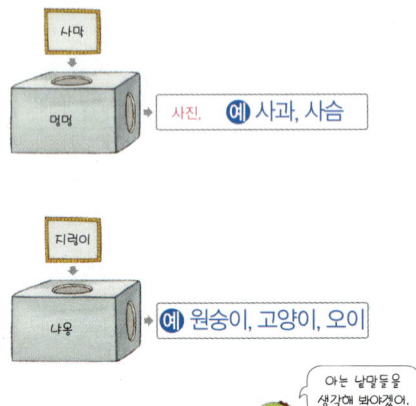

사마 →

멍멍 → 사진, **예** 사과, 사슴

지렁이 →

나옹 → **예** 원숭이, 고양이, 오이

나는 낱말들을 생각해 봐야겠어.

규칙 2

7 바둑돌 규칙

큐리와 친구들이 일정한 규칙에 따라 차례로 바둑돌을 놓아 다음과 같은 모양을 만들고 있습니다.

내가 검은색 바둑돌 1개를 먼저 놓았지.

난 흰색 바둑돌 2개!

난 검은색 바둑돌 3개!

난 네 번째!

큐리   현우   티나   태돌

태돌이는 무슨 색 바둑돌 몇 개를 놓았습니까?

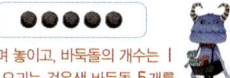

흰 색 바둑돌 4 개

딴짓 요괴가 태돌이 다음으로 규칙에 맞게 바둑돌을 놓으려고 합니다. 빈 곳에 딴짓 요괴가 놓는 바둑돌을 그려 보시오.

검은색 바둑돌과 흰색 바둑돌이 번갈아 가며 놓이고, 바둑돌의 개수는 1개부터 1개씩 많게 놓입니다. 따라서 딴짓 요괴는 검은색 바둑돌 5개를 놓습니다.

딴짓 요괴

일정한 규칙에 따라 다음과 같이 바둑돌을 놓을 때 ☐ 안에 알맞은 모양을 그려 보시오.

1번째   2번째   3번째   4번째   5번째

바둑돌 색깔이 검은색, 흰색, 검은색, 흰색……

6번째

바둑돌 개수가 위에서부터 1개, 2개, 3개, 4개……

검은색 바둑돌과 흰색 바둑돌이 번갈아 가며 놓입니다. 따라서 6번째 모양의 마지막 줄에는 흰색 바둑돌이 놓입니다. 바둑돌의 개수는 1개, 2개, 3개로 1개씩 많아지므로 6번째 모양의 마지막 줄의 바둑돌 개수는 6개입니다.

노크 포인트

모양을 만드는 규칙을 찾을 때는 모양을 이루는 바둑돌, 성냥개비, ☐, △ 등의 개수와 만들어지는 모양의 규칙을 모두 찾습니다.

→ ●, ○를 2개씩 번갈아 가면서 놓아 네모 모양을 만듭니다.

→ ☐가 긴 네모 모양으로 1개씩 많아집니다.

네모 규칙

일정한 규칙으로 네모를 사용하여 모양을 만듭니다. 만든 순서에 따라 선을 이어 보시오.

☐의 수가 1개씩 많아집니다.

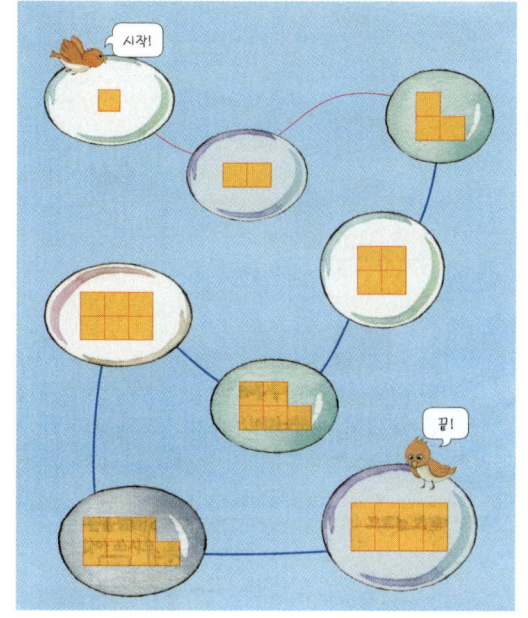

시작!

끝!

[네모 규칙]

1 ▇를 사용하여 다음과 같은 모양을 만들었습니다. 6번째 나오는 모양에 맞게 선을 따라 그리시오.

1번째   2번째   3번째   4번째   5번째

6번째

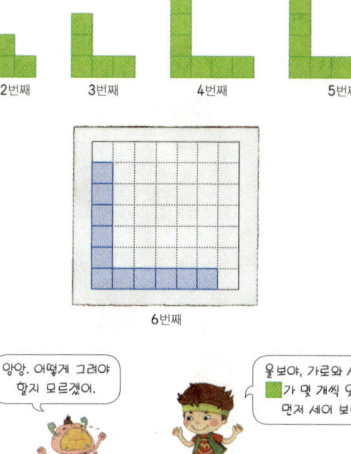

앙앙, 어떻게 그려야 할지 모르겠어.

올 봐야, 가로와 세로에 ▇가 몇 개씩 있는지 먼저 세어 보렴.

네모가 놓인 모양이 'ㄴ' 모양이며, 가로와 세로에 놓인 네모의 수가 1개씩 많아지므로 6번째 오는 모양의 가로와 세로에 놓인 네모의 수는 모두 6개입니다.

🐛 성냥개비 모양

성냥개비를 일정한 모양으로 늘어놓고 있습니다. 빈 곳에 4번째에 올 모양을 그려 보시오.

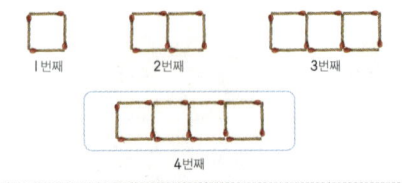

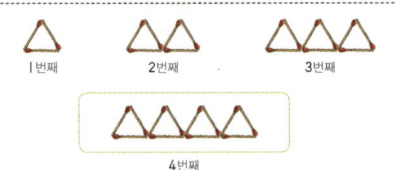

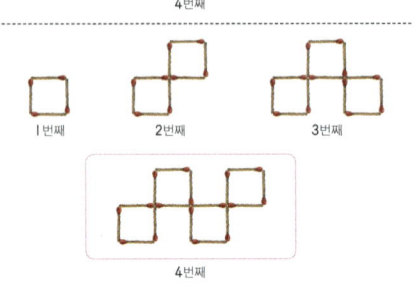

[성냥개비 규칙]

1 성냥개비를 사용하여 다음과 같은 모양을 만듭니다. 현우, 큐리, 티나 중 5번째 모양을 만드는 데 필요한 수만큼의 성냥개비를 가지고 있는 사람을 쓰시오. **큐리**

❶ 성냥개비로 만든 5번째 모양을 그려 보시오.

5번째

❷ ❶에서 그린 모양을 만드는 데 필요한 성냥개비의 수를 구하시오.
11개

❸ 필요한 성냥개비의 수만큼을 가진 사람을 쓰시오.

⑧ 돌리고 돌리고

큐리네 동네 마트에서 행사를 합니다. 돌림판을 돌려 나온 번호와 같은 번호의 당첨 딱지를 가지고 있으면 선물을 받을 수 있습니다.

태돌이는 13번이 당첨 딱지라는 것을 어떻게 알 수 있었을까요?
돌림판의 화살표가 1번부터 시작해서 3칸씩 뒤의 칸을 가리키므로 규칙에 따라 10번 칸 다음에는 13번 칸을 가리킵니다.

🕐 돌림판을 돌리는 규칙에 따라 마지막 돌림판에서 화살표가 가리키는 수를 쓰시오.

돌림판이 2칸씩 뒤의 칸을 가리키도록 돌고 있으므로 7번 칸을 가리킨 다음에는 9번 칸을 가리킵니다. / 돌림판의 화살표가 1부터 2씩 큰 수를 가리키므로 7번 다음에는 9번을 가리킵니다.

🔖 **포인트**

회전하는 규칙을 찾을 때에는 회전하는 방향과 건너뛰는 칸의 수를 모두 생각합니다.

 → 오른쪽으로 2칸씩 회전합니다.

 → 왼쪽으로 1칸씩 회전합니다.

이번엔 어디?

태돌이와 티나가 규칙에 따라 회전판 위에 바둑돌을 놓으려고 합니다. 친구들을 도와 알맞은 칸에 바둑돌 스티커를 붙이시오.

🔖 붙임딱지 바둑돌 스티커

규칙 바둑돌이 1칸씩 오른쪽으로 이동합니다.

규칙 바둑돌이 2칸씩 왼쪽으로 이동합니다.

> 왼쪽! 실수하지 말아야지.

규칙 바둑돌이 3칸씩 오른쪽으로 이동합니다.

> 하나, 둘, 셋. 칸을 세어야지.

[돌아돌아 패턴]

1 벌집에 있는 각 벌들이 일정한 규칙에 따라 벌집에서 나옵니다. 규칙을 찾아 다음 5번 벌과 6번 벌이 나오는 칸에 각각 ⑤, ⑥을 써넣으시오.

[시계]

2 여러 시각을 가리키는 시계를 규칙에 맞게 놓았습니다. 마지막 시계는 몇 시를 가리킵니까?

시계의 짧은바늘이 오른쪽으로 3칸씩 돌고 있습니다.

 9 시

> 시계의 짧은바늘만 움직이는군. 짧은바늘이 몇 칸씩 움직이는지 봐.

회전 패턴

각 패턴의 규칙을 찾아 마지막 모양에 알맞은 기호를 써넣으시오.

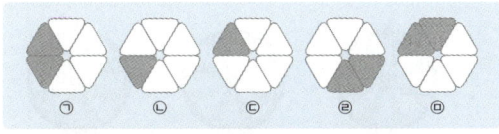
⊙   ⓒ   ⓒ   ⓔ   ⑩

   ⓒ

   ⊙

   ⑩

> 어떻게 해야 하죠?

> 어느 방향으로 몇 칸씩 움직이는지 알아보렴.

[위아래 패턴]

1 규칙을 찾아 마지막 모양을 알맞게 색칠하시오.

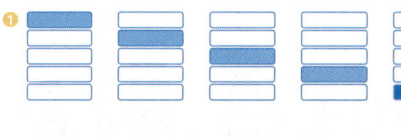

❶ 색칠한 1칸이 위에서부터 한 칸씩 아래로 내려옵니다.
❷ 색칠하지 않은 1칸이 아래에서부터 한 칸씩 위로 올라갑니다.

[색칠 패턴]

2 규칙을 찾아 마지막 모양을 알맞게 색칠하시오.

오른쪽으로 색칠한 칸이 2칸씩 많아지는 규칙입니다.

> 돌아가는 것 같아.

> 색칠한 칸이 많아지네.

14   PA6 규칙

9 **개수의 규칙**

가을에 찬바람이 불기 시작하면 나뭇잎들이 떨어지기 시작합니다. 나뭇잎 수의 변화를 규칙을 찾아 설명하시오.

나뭇잎의 수가 20개에서 4개씩 줄어듭니다.

20개　16개

12개　8개

> 가을은 독서의 계절이지. 그래서 난 책을 베고 자는 거야.

> 그만 좀 자고 책을 좀 읽으렴.

사탕의 수가 일정하게 많아지도록 사탕이 나오는 기계가 있습니다. 규칙에 따라 마지막에 나오는 사탕의 수를 □ 안에 써넣으시오.

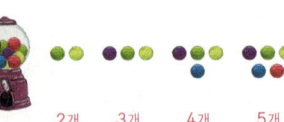

2개　3개　4개　5개　6개　**7** 개

사탕이 2개부터 1개씩 많아지는 규칙입니다.

1개　3개　5개　7개　9개　**11** 개

사탕이 1개부터 2개씩 많아지는 규칙입니다.

누크 포인트

두 수의 합, 차를 이용하여 수가 놓인 규칙을 찾을 수 있습니다.
① 1　3　5　7　9　11 → 1부터 2씩 커집니다.
　　+2 +2 +2 +2 +2
② 15　12　9　6　3　0 → 15부터 3씩 작아집니다.
　　-3　-3　-3　-3　-3

쌓기나무 규칙

울보 요괴가 일정한 규칙에 따라 쌓기나무를 쌓고 있습니다. 같은 규칙으로 5번째 모양을 만들려면 모두 몇 개의 쌓기나무가 필요합니까? **9개**

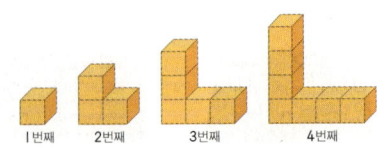

1번째　2번째　3번째　4번째

> 쌓기나무가 없어서 다 못 쌓았어. 엉엉~

> 쌓기나무 몇 개가 필요하니? 내가 빌려줄게.

❶ □ 안에 각 모양을 만드는 데 사용한 쌓기나무의 수를 써넣으시오.

1　3　5　7

❷ □ 안에 알맞은 수를 써넣어 쌓기나무 수의 규칙을 설명하시오.

> 규칙　쌓기나무의 수가 **1** 부터 **2** 씩 많아집니다.

❸ ❷의 규칙에 따라 5번째 모양에 필요한 쌓기나무의 수를 쓰시오.
5번째 모양에 필요한 쌓기나무의 수: 7+2=9(개)

[쌓기나무의 개수]
1 쌓기나무를 일정한 규칙에 따라 쌓았습니다. 빈 곳에 필요한 쌓기나무의 수를 쓰시오.

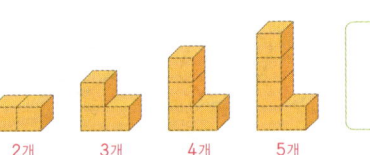

2개　3개　4개　5개　**6개**

쌓기나무의 수가 2개부터 1개씩 많아집니다.

[쌓기나무의 개수]
2 일정한 규칙에 따라 쌓기나무로 모양을 만들고 있습니다. 같은 규칙으로 빈 곳에 쌓기나무를 쌓으려고 할 때, 필요한 쌓기나무의 수를 구하시오. **6개**

1개　2개　3개

쌓기나무의 수가 1개, 2개, 3개가 반복되므로, 빈 곳에 놓이는 쌓기나무의 총 개수는 1+2+3=6(개) 입니다.

> 각 세로줄에 놓인 쌓기나무의 수를 구해 보면 쉬울텐데 말이야.

🐗 수들의 규칙

이상한 나라의 시계 토끼가 미로의 가장 빠른 길을 따라 여왕님에게 갑니다. 토끼가 미로를 통과하는 길에 만나는 수를 모두 적고, 수들의 규칙을 설명하시오.

지나는 수 [2] [4] [6] [8] [10] [12] [14]

규칙 수가 [2] 부터 시작하여 [2] 씩 커집니다.

[수열 완성]

1 규칙을 찾아 ☐ 안에 알맞은 수를 써넣으시오.

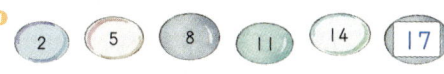
① [2] [5] [8] [11] [14] [17]

2부터 3씩 커지는 규칙입니다. 14＋3＝17

② [3] [5] [7] [9] [11] [13]

3부터 2씩 커지는 규칙입니다. 11＋2＝13

[수열의 규칙]

2 주어진 규칙에 맞게 빈 곳에 알맞은 수를 써넣으시오.

규칙 20부터 3씩 작아집니다.

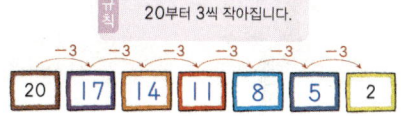

20부터 시작하여 3씩 작아지는 규칙이므로, 첫 수는 20이고, 3씩 뺀 수를 다음에 반복하여 적습니다.

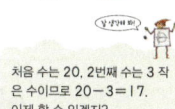
처음 수는 20, 2번째 수는 3 작은 수이므로 20－3＝17. 이제 할 수 있겠지?

👧 창의적 문제해결력

1 성냥개비를 사용하여 일정한 모양을 만들고 있습니다. 4번째 모양을 만드는 데 필요한 성냥개비의 수를 구하시오.

1번째 2번째 3번째

❶ 각 모양을 만드는 데 사용한 성냥개비의 수를 각각 쓰시오.

[5] [9] [13]
1번째 2번째 3번째

❷ 사용한 성냥개비의 수는 몇씩 커집니까? 4

❸ 4번째 모양을 만드는 데 필요한 성냥개비는 몇 개인지 다음 식을 완성하여 구하시오. 17개

[13] ＋ [4] ＝ [17] (개)

3번째 모양에 성냥개비 몇 개를 더 사용하면 4번째 모양을 만들 수 있어.

📹 동영상 특강
QR 코드를 찍어 보세요!

2 큐리가 두더지 잡기 게임을 합니다. 두더지가 다음과 같이 일정한 규칙에 따라 구멍에서 나온다고 할 때, 5번째 두더지가 나오는 구멍의 기호를 쓰시오. ㉢

1번째 2번째

3번째 4번째

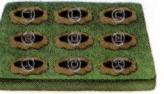
5번째

두더지가 빙글빙글 돌면서 나오고 있어.

두더지가 오른쪽으로 3칸씩 이동하고 있습니다.

🔟 어울리지 않는 것

그림 속에서 어울리지 않는 것을 모두 찾아 ◯표 하시오.

> 시소 타기 재미있다.

> 여름이라서 너무 덥네.

자동차와 잠수함이 하늘을 날고 있는 것과 여름 그림에 눈이 쌓인 겨울 나무가 어울리지 않습니다.

🅰 보기 와 같이 주어진 그림과 어울리는 단어를 5개씩 써보시오.

보기

더위, 여름, 아이스크림, 피서, 에어컨

 **예** 여름, 더위, 운동, 바다, 여행

 예 산타할아버지, 크리스마스, 선물,
크리스마스 트리, 루돌프 사슴

여러 가지 답이 있습니다.

> 그림을 보고 생각나는 것들을 이야기 해보렴.

도트의 포인트

주어진 카드의 공통점을 찾을 수 있습니다.

 : 여름    : 겨울

👾 관계

꼬마 요괴들이 관계 만들기 카드 놀이를 합니다. 다른 카드와 관계없는 카드를 낸 꼬마 요괴가 집니다. 이 놀이에서 진 꼬마 요괴는 누구입니까? **멍하니 요괴**

> 나는 생수 카드를 냈지.

> 난 절대 지지 않아.

장난 요괴   멍하니 요괴   딴소리 요괴   잘난척 요괴

❶ 꼬마 요괴들이 낸 다음 4장의 카드 중 관계없는 카드 1장에 ✕표 하시오.

❷ ❶에서 ✕표 하지 않은 카드 3장의 공통점을 쓰시오.

✕표 하지 않은 3장의 카드는 생수, 우유, 과일 주스로 모두 마실 것에 관한 카드입니다.

❸ 위 게임에서 진 꼬마 요괴의 이름을 쓰시오.

아이가 예시 답안과는 달리 다른 기준에 따라 관계없는 카드를 고른 경우, 기준이 적용 가능하다면 정답으로 봅니다. 예를 들어 첫 번째 줄의 카드에서 새, 벌, 나비, 개 중 나비를 제외한 나머지는 모두 이름이 한 글자이므로 나비만 관계없는 카드로 선택할 수 있습니다.

[관계없는 카드]
1 꼬마 요괴들이 낸 다음 카드 중 관계없는 카드 1장에 ✕표 하시오.

예 ❶

강아지는 하늘을 날지 못하지만 나머지 동물들은 모두 하늘을 날 수 있습니다.

예 ❷

풀은 붙이는 데 사용되지만 나머지 3가지 물건들은 자르는 데 사용됩니다.

예 ❸

떡볶이를 제외한 나머지 음식(자장면, 냉면, 짬뽕)들은 모두 면으로 된 음식입니다.

[관계없는 단어]
2 다음 중 관계없는 단어가 적힌 종이를 가지고 있는 아이는 누구입니까?

티나

책상   연못   칠판   지우개
현우   티나   태돌   큐리

책상, 칠판, 지우개는 모두 교실에서 볼 수 있는 것들입니다. 연못은 교실에서 볼 수 없으므로 관계없는 단어가 적힌 종이를 가지고 있는 아이는 티나입니다.

> 책상, 칠판, 지우개는 어디서 볼 수 있니?

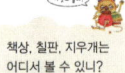

정답 및 해설 **17**

🦉 공통점

카드 요정의 카드에 적힌 단어의 공통점을 바르게 이야기한 요괴는 누구입니까?

잠만자 요괴

세탁기…….
빨래?

장난 요괴

전자제품!
보면 바로 알지.

잠만자 요괴

냉장고, 전기밥솥
이면 주방!

대충이 요괴

에어컨?
여름!

거꾸로 요괴

❶ 꼬마 요괴들이 이야기한 것과 카드 요정의 단어에 공통점이 있으면 ○표, 없으면 ×표 하여 표를 완성하시오.

	냉장고	세탁기	에어컨	전기밥솥
빨래	×	○	×	×
전자제품	○	○	○	○
주방	○	×	×	○
여름	○	×	○	×

❷ 공통점을 바르게 이야기한 요괴의 이름을 쓰시오.

[공통점]

1 주어진 그림 카드의 공통점을 찾아 알맞게 선으로 이으시오.

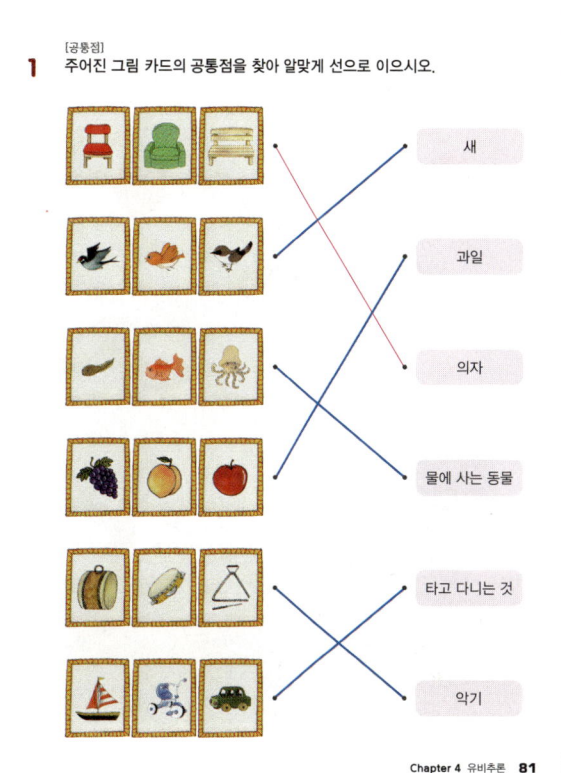

새

과일

의자

물에 사는 동물

타고 다니는 것

악기

---

11 마법 상자

유클리드 요정이 가지고 있는 마법 상자에 모양을 넣으면 다음과 같이 일정한 규칙에 따라 바뀌어 나옵니다.

마법 상자를 통과하면서
어떻게 달라졌는지 보이니?

유클리드 요정

유클리드 요정의 마법 상자에 넣은 모양이 바뀌는 규칙을 이야기해 보시오.
동그라미와 네모의 모양은 변하지 않으나 주황색이 모두 초록색으로 변하였습니다.

유클리드 요정의 마법 상자에 다음과 같은 모양을 넣었습니다. 마법 상자에서 나오는 모양을 그리고 색칠하시오.

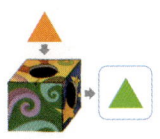   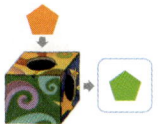

---

❶ 다음 마법 상자의 규칙을 쓰시오.

규칙   **모양의 수가 1개씩 많아집니다.**

규칙   **모양의 수가 2개씩 적어집니다.**

🐱 됴됴 포인트

관계 상자에 넣은 것과 나온 것을 보고 관계 상자의 규칙을 알 수 있습니다.

→ ●가 ▲로 바뀝니다.

→ 빨간색이 파란색으로 바뀝니다.

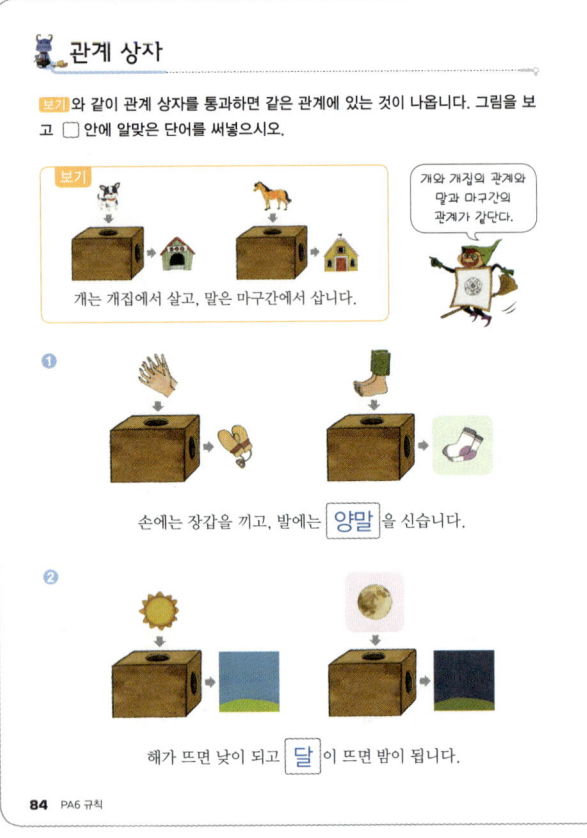

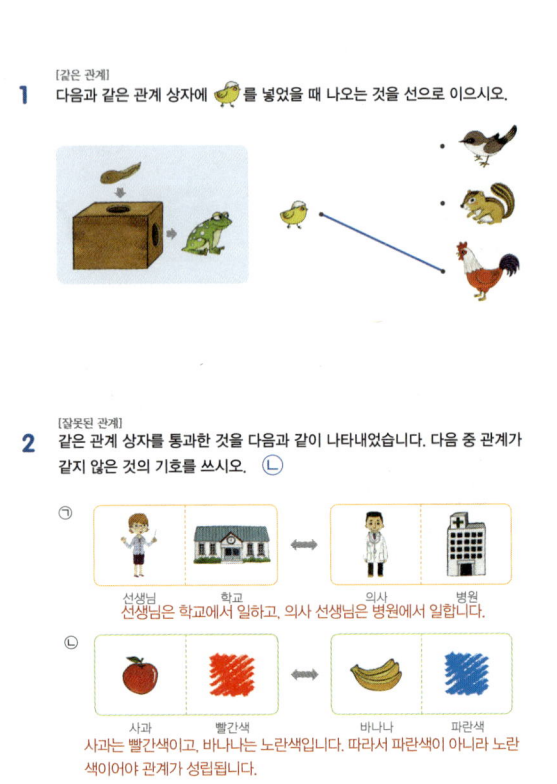

12 단어 유비추론

앞의 두 그림의 관계와 같은 관계에 있도록 □ 안에 알맞은 그림 스티커를 붙이시오.

준비물 그림 스티커

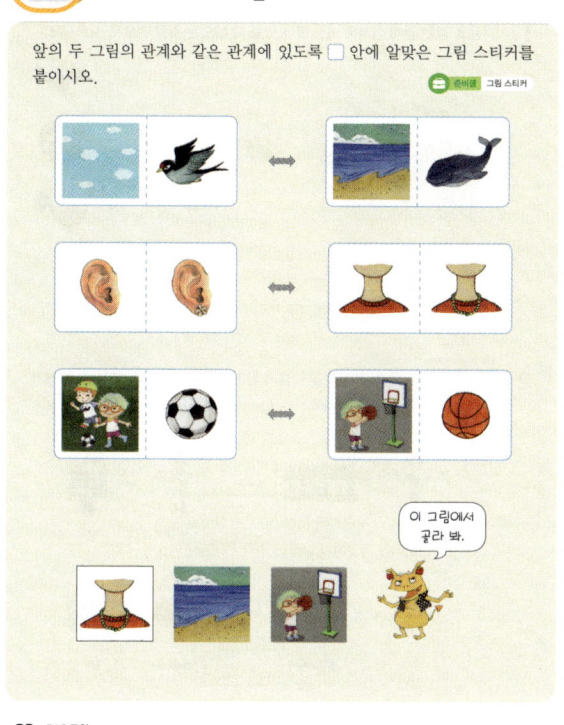

이 그림에서 골라 봐.

왼쪽의 관계를 보고 오른쪽 빈 곳에 알맞은 단어를 쓰시오.

토끼	당근	⟺	다람쥐	도토리
소금	짜다	⟺	설탕	달다
엄마	아빠	⟺	할머니	할아버지
머리	모자	⟺	발	신발

토끼는 당근을 좋아해. 소금은 짜고~ 이렇게 관계를 찾아봐.

노크 포인트

유비추론은 모양, 사물 등의 관계를 보고 같은 관계에 놓인 것을 찾아내는 것입니다.

| 단어 유비추론 | 모양 유비추론 |

손 : 장갑 발 : 양말

🛡 모양 유비추론

앞 두 모양의 관계와 같은 관계가 되도록 마지막 모양을 색칠하시오.

❶ 왼쪽 두 모양의 관계를 바르게 나타낸 것을 찾아 기호를 쓰시오. ㉣

㉠ 모양의 크기가 작아집니다.
㉡ 모양의 크기가 커집니다.
㉢ 모양의 개수가 많아집니다.
㉣ 색칠한 부분과 색칠하지 않은 부분이 달라집니다.

세모의 색깔, 동그라미의 색깔을 비교해 보렴.

❷ ❶에서 찾은 두 모양의 관계에 따라 빈 곳에 알맞은 모양을 색칠하시오.

음...... 어딜 색칠하지?

네모를 색칠할까? 말까? 생각해 봐.

㉠, ㉣은 개수가 1개씩 늘어나는 관계입니다.
㉢, ㉃은 왼쪽 도형 2개를 붙여서 하나의 도형을 만드는 관계입니다.
㉤, ㉦은 색깔이 없어지는 관계입니다.

[카드 짝 짓기]

1 큐리의 카드와 현우의 카드 중 관계가 같은 것끼리 짝 지으려고 합니다. 관계가 같은 카드의 기호를 □ 안에 써넣으시오.

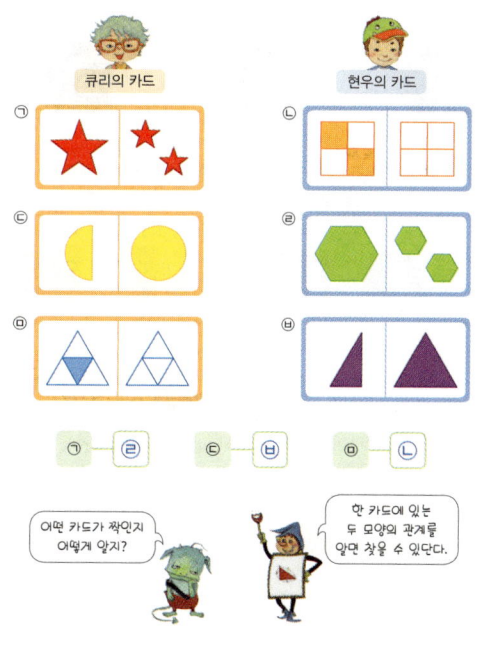

큐리의 카드   현우의 카드

㉠ ─ ㉣   ㉢ ─ ㉃   ㉤ ─ ㉦

어떤 카드가 짝인지 어떻게 알지?

한 카드에 있는 두 모양의 관계를 알면 찾을 수 있단다.

🦔 매트릭스 유비추론

가로줄과 세로줄에 놓인 그림의 관계를 찾아 빈 곳에 들어가는 그림에 ◯표 하시오.

❶ 왼쪽 세로줄의 두 그림을 보고 ☐ 안에 알맞은 단어를 써넣으시오.

 비행기는 　하늘　 에서 움직이고, 잠수함은 바다에서 움직입니다.

❷ 아래 가로줄의 두 그림을 보고 ☐ 안에 알맞은 단어를 써넣으시오.

 잠수함은 바다에서 타는 기계이고, 물고기는 바다에서 사는 　동물　 입니다.

❸ 빈 곳에 들어갈 그림을 설명하는 말의 ☐ 안에 알맞은 단어를 써넣으시오.

　하늘　 에 살고 있는 　동물　 입니다.

❹ 알맞은 그림에 ◯표 하시오.

[매트릭스 2개]

1 같은 관계를 갖는 두 모둠이 있습니다. 빈 곳에 알맞은 단어 또는 수를 쓰시오.

❶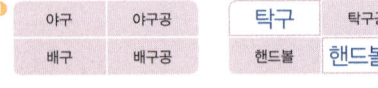

❷

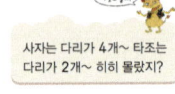

❶ 주어진 공을 사용하는 운동, 주어진 운동에 사용하는 공을 씁니다.

❷ 4는 사자의 다리 수, 2는 타조의 다리 수입니다. 따라서 오른쪽 빈 곳에 호랑이의 다리 수 4와 다리의 수가 0인 동물을 쓰면 정답입니다.

> 사자는 다리가 4개~ 타조는 다리가 2개~ 히히 몰랐지?

[모양 매트릭스]

2 관계를 찾아 빈 곳에 알맞은 모양을 그리시오.

> ◯가 ◇가 되는 거야?

👧 창의적 문제해결력

1 빈 곳에 알맞은 그림의 기호를 쓰시오.

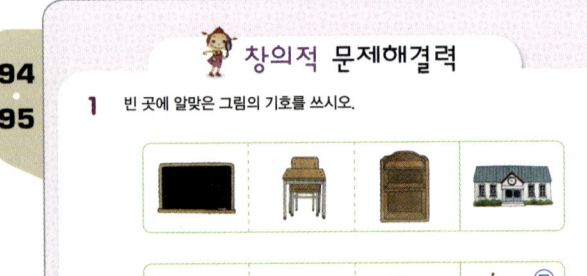

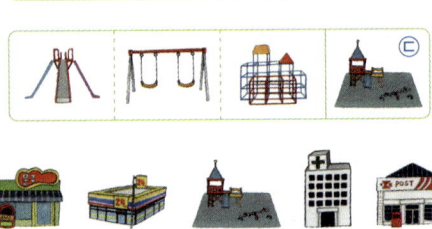

> 칠판, 책상과 의자, 교탁, 학교, 무슨 관계지?

> 학교에 가면 무엇이 있는지 생각해 보렴.

칠판, 책상과 의자, 교탁은 학교에서 볼 수 있습니다.
미끄럼틀, 그네, 정글짐은 놀이터에서 볼 수 있습니다.

📍 동영상 특강
QR 코드를 찍어 보세요!!

2 주어진 카드 스티커를 빈 곳에 붙여서 왼쪽과 오른쪽의 관계가 같도록 만들어 보시오.

🔖 준비물 카드 스티커

여러 가지 답이 있습니다.

예　곰과 곰 발자국, 강아지와 강아지 발자국

예　소와 송아지, 나비와 나비 번데기

예　개구리와 개구리가 사는 연못, 고래와 고래가 사는 바다

정답 및 해설　**21**

MEMO

MEMO

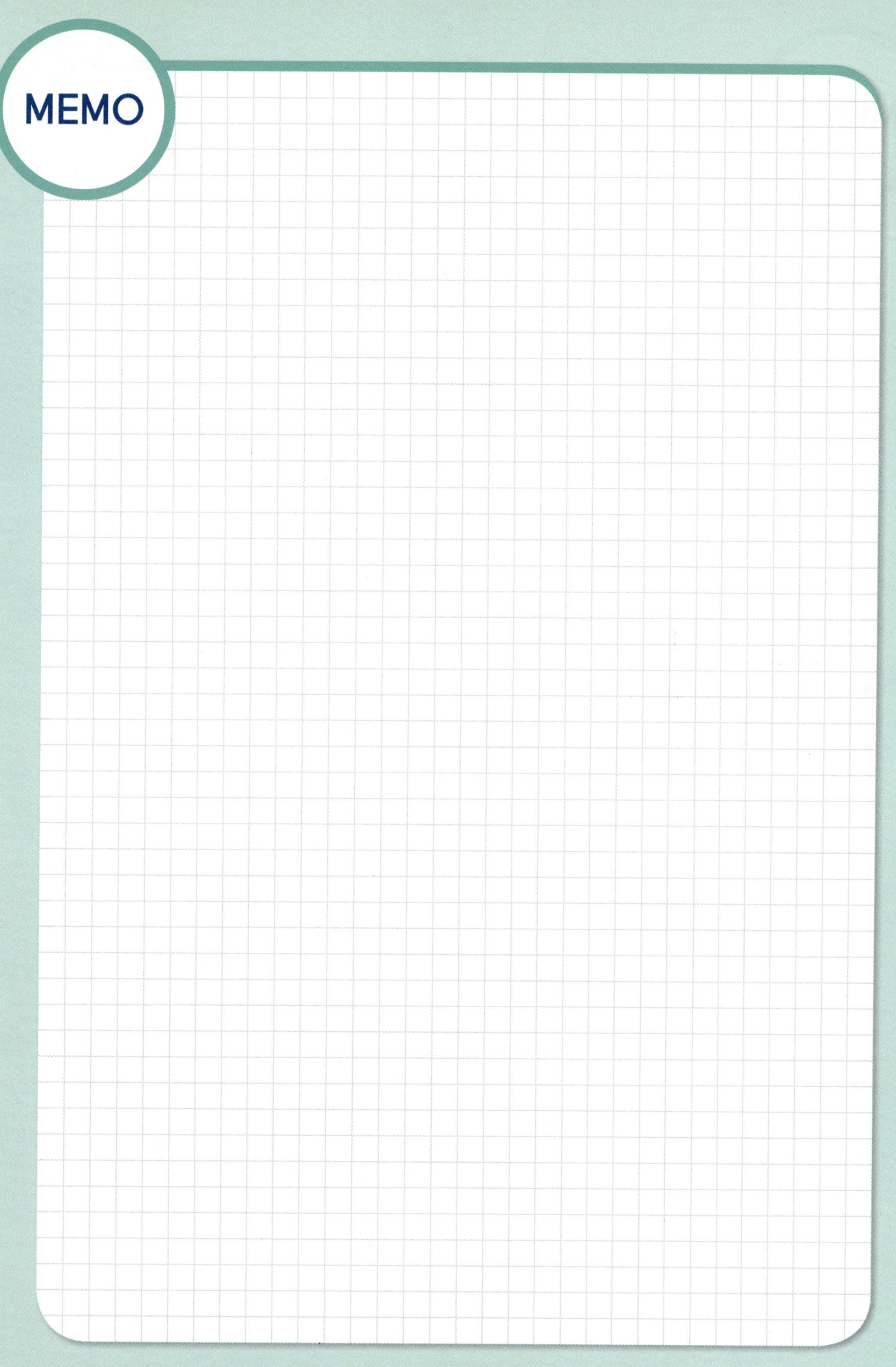

MEMO

정답및 해설

PA6
(7~8세)

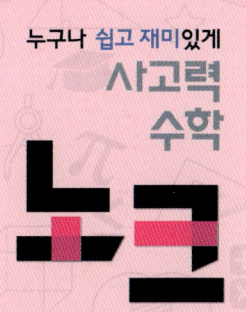

준비물 물건 스티커

39쪽에 사용하세요.

준비물 인형 스티커

41쪽에 사용하세요.

준비물 바둑돌 스티커

62쪽에 사용하세요.

준비물 패턴 스티커

15쪽에 사용하세요.

준비물 구슬 스티커

20쪽에 사용하세요.

준비물 토끼 스티커

25쪽에 사용하세요.

준비물 손, 발 스티커

26쪽에 사용하세요.

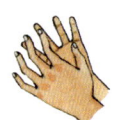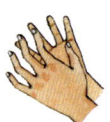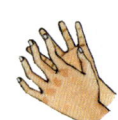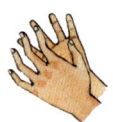